商业真经

商界领袖的商道智慧

成杰◎著

BUSINESS CLASSICS

民主与建设出版社

·北京·

© 民主与建设出版社，2019

图书在版编目（CIP）数据

商业真经：商界领袖的商道智慧 / 成杰著．—北

京：民主与建设出版社，2019.8

ISBN 978-7-5139-2528-0

Ⅰ．①商… Ⅱ．①成… Ⅲ．①企业管理 Ⅳ．

① F270

中国版本图书馆 CIP 数据核字（2019）第 131159 号

商业真经：商界领袖的商道智慧
SHANGYEZHENJING : SHANGJIELINGXIUDESHANGDAOZHIHUI

出 版 人	李声笑
著　者	成　杰
责任编辑	刘树民
出版发行	民主与建设出版社有限责任公司
电　话	（010）59417747　59419778
社　址	北京市海淀区西三环中路 10 号望海楼 E 座 7 层
邮　编	100142
印　刷	北京晨旭印刷厂
版　次	2019 年 8 月第 1 版
印　次	2019 年 8 月第 1 次印刷
开　本	787mm×1092mm　1/16
印　张	16
字　数	244 千字
书　号	978-7-5139-2528-0
定　价	59.80 元

注：如有印、装质量问题，请与出版社联系。

总序

天下熙熙，皆为利来；天下攘攘，皆为利往。求富趋利，人之本性。随着改革开放"开闸放水"，华夏大地商业奇迹层出不穷。

改革开放 40 年过去，商业越来越被证明为最大的慈善。它造就了无数富甲一方的大商富豪，使他们从一文不名到富可敌国；它改善了无数人的生活，使他们从饥肠辘辘到殷实富足；它推动着大国崛起，使我巍巍中华重新骄然屹立于世界之巅。

改革开放 40 年过去，我们已步入一个伟大的新时代。这是一个最好的时代，它充满了机遇与希望，在变革中孕育生机，有人凭借自己的勤劳、勇敢和智慧，创造出梦想中的美好生活。然而这也是一个最坏的时代，它充满了竞争与挑战，有人马不停蹄奔赴在风云莫测的商场上，差之毫厘，失之千里，一不小心跌入万丈深渊，粉身碎骨。

商业如此多娇，引无数英雄竞折腰。改革开放 40 年，中国商业经济从萌芽初长，到野蛮生长，再到规范成长，其间数以万计的中国企业家、创业者，你方唱罢我登场，在一波又一波的奇迹中，各领风骚数十年。

商业是创造奇迹的魔术，也是世事无常的咒语。商业似水，能载舟亦能覆舟。它令无数人泛舟江湖，然后折戟沉沙，只留下少数人，经历试炼，穿越恐怖和战栗、兴奋和刺激，成为不朽传奇。

变幻莫测，九死一生，百死千难，狭路相逢，智勇者胜，这也正是商业吸引无数人为之前赴后继的巨大魅力所在。

40 年过去，一代商业大佬的背影正在远去，时代呼唤新的英雄上场，却总有人在哀叹：产生大佬的时代不复存在，创业成功越来越是小概率事件，一切都被颠覆，一切都被重新定义，大师的经验正在失效……

然而，他们忘了老祖宗的古训，九九归一，万变不离其宗。他们也忘了管理大师杰克·韦尔奇的告诫："商业的本质并没有因为互联网和科技而改变，过去应该遵循的基本商业规则，在今天仍然应该被传承。"他们更忘了经济大师熊彼特对企业家精神的定义："做别人没做过的事或是以别人没用过的方式做事的组合。"

商业的本质是一场充满冒险的创新实践。没有什么赚钱的方法亘古不变，但商业一定有自己不变的内在逻辑；没有哪个大佬会永垂不朽，但大佬的精神一定会留存并以飨后世。

成为商界领袖，需要一顾千金的眼光，运筹帷幄的能力，胸怀天下的格局，悬壶济世的情怀，虽九死其犹未悔的魄力，泰山崩于前而色不变的胆识……但最重要的是洞穿商业本质的悟道。大道至简，悟在天成。成功的大佬，都是学道、悟道、行道的高手。

在瞬息万变的时代，后来者将何去何从？如何像前辈一样快速悟道，成就大商之道？

巨海集团董事长、上海巨海成杰公益基金会创始人、中国培训委员会副会长成杰老师，以心为师，智慧如海，心怀天下，肩负使命，立志"帮助企业成长，成就同仁梦想，为中国成为世界第一经济强国而努力奋斗"，他立身教育培训事业，希冀以此帮助、影响和成就更多人，让中国创业者少走弯路，让中国企业家更具企业家精神和尊严。

成杰老师常说：

教育的核心价值，在于激发一个人的想象力和创造力；

教育的终极目的，在于塑造一个人的价值观和使命感。

他专注教育培训事业 16 年，创办巨海集团 10 年，先后在 125 座城市，发表 4500 多场公众演说，以此提炼成当下中国企业家首选课程——"商业真经"。此课程至今已开设 300 余期，直接帮助企业家 15 万人次，间接影响上千万人，成为当今中国培训界学员满意度及复训率最高的总裁学习班课程之一。

成杰老师耗费 10 年功力，借助"吸星大法"研发的这套"商业真经"，汲取 10 位极具影响力的商界大师的"商道"智慧，用商业大师们足以改变世界的力量，为万千有志于问鼎商道的后来者磅礴赋能。这套真经，讲述如何成为商业大师的路径，探求商业成败的前因后果，分析商道真谛的秘密所在，反思个中得失，激荡商业思维，旨在让企业家和创业者少走弯路，实现弯道超车。

值此中国改革开放 40 周年，巨海集团 10 周年，成杰老师慷慨解囊，倾囊相授，奉献出引领时代潮流的商业真经，设一场汇聚万千行业翘楚的智慧盛宴，唯愿更多人，通过分享，唤醒自我，策马奔驰，指点江山，挥斥方遒，赢战未来！

目 录

第 1 章
————————
马　云

重点提示

创业故事：一切从说故事、谈梦想、给希望开始

商业模式：颠覆传统，降维攻击

竞争理念：心中无敌，天下无敌

经营智慧：共创、共担、共享、共赢

企业文化：永远把客户放在第一位

领袖魅力：出手无招的"风清扬"

商业真经：马云经典语录

成杰智慧评语

· 创业故事 ·

一切从说故事、谈梦想、给希望开始

1999 年 2 月，阿里巴巴成立动员大会上，马云在自己杭州西城乡接合部的家中，对在场的另外 17 位创始人说：

"我们要探讨以后至少 5 年、10 年要做的事情。我们所有的对手不在中国，而在美国的硅谷。我们不要把阿里巴巴定为国内站点，而要把它定位为国际站点。我们要建成世界上最大的电子商务公司，要进入全球网站排名前十位。"

在此之前，他刚经历三次创业——海博翻译社、中国黄页及国富通，均无起色，被他定义为"失败"。

马云在台上讲得很激动，台下的同伴一脸迷茫。当时负责拍摄的人是后来成为阿里巴巴集团总裁的金建杭，他说："那个时候我负责拍照和录像，现在我看过去，照片里大家的眼神都是迷茫空洞的。除了马云，在创业之初谁都不敢说自己真的信心十足。"

"你就吹吧"，这是当时外界对马云的一致看法，毕竟当时"电子商务是什么"很多人都还没有弄明白。马云的这些话，一度被舆论拿来攻击。

理想丰满，现实骨感。口才很好的马云，花了一年时间也没有找到为其伟大构想买单的金主。他曾经被 37 家风投公司拒绝，没人相信他所说的话。创业之初的阿里巴巴举步维艰，直到蔡崇信的出现。蔡崇信利用自己的人脉资源，最终吸引高盛联合富达投资 2500 万美元（1 美元约合 6.7 元人民币），阿

里巴巴才走上正轨。

没过多久，马云又吹起了牛。2001年1月，浙江省政府的领导到湖畔花园参观阿里巴巴后问马云："你希望这家公司将来做到多大？"马云说："我希望它会是一家市值5亿到50亿美元的公司。"在场的人无不皱眉，陪同参观的市领导出来打圆场："他说的可能是5亿到50亿人民币。"马云较真儿纠正："我说的是5亿到50亿美元的公司。"

当时，马云融资来的2500万美元，已经花得只剩700万了，盈利方式他还没有想清楚。

2003年，阿里巴巴推出了淘宝网，正式进军C2C（Consumer To Consumer，个人与个人之间的电子商务）领域。就在这一年，美国电商巨头eBay（易贝）携手易趣进军中国市场。eBay扬言要用18个月逼退淘宝，马云扬言要把eBay赶出中国。马云说："eBay是海里的一条鲨鱼，可我是扬子江里的鳄鱼。如果我们在海里交战，我便输了；可如果我们在江里对峙，我稳赢。"

大家说马云"蚍蜉撼大树，可笑不自量"。结果，马云下令淘宝三年内不准盈利，通过免费模式战胜eBay。到2004年年底，淘宝网在中国C2C市场占有率已从年初的9%跃升到41%，而eBay则从90%下降为53%。2006年eBay退出中国市场。

2004年，马云对媒体讲，阿里巴巴每天上税100万元。有人说，这家伙吹牛吹破天了。当时阿里巴巴不过才站稳脚跟，谈什么纳税100万元？"快看，天上有头牛在飞，地上有个人在吹"，据说这个有名的段子就是在那个时候传开的。后来的事实很快告诉大家，阿里巴巴是国内首家纳税超过百亿元的互联网公司。

2010年3月，在深圳IT领袖峰会上，马云提出，云计算最后会是一种分享，这种分享机制可能蕴藏着颠覆性力量。如果现在不做，将来会死掉！科班出身的李彦宏和马化腾纷纷指责他夸大其词，云计算不过是"新瓶装旧酒"。人们都在说马云这个外行又吹牛了。

两年后，李彦宏承认"走眼"，马化腾改口称云计算是新酒，互联网大佬们都开始做云计算平台了，而阿里云已经遥遥领先。看看现在的"双11"盛况和"春运"期间阿里云的贡献，还有人敢说云计算虚无缥缈吗？

有人笑侃，这些年马云吹过的牛，就像香飘飘奶茶的广告一样，连起来能绕地球一圈。为什么马云那么爱吹牛呢？因为他懂得，领袖人物必须是梦想贩卖家。马云并没有外界传说的那样出身显赫，要想阿里巴巴创业成功，要想说服合伙人心甘情愿地跟着他干活，要想投资者心悦诚服地拿出资金投资，凭借"三寸不烂之舌"声情并茂地讲述阿里的未来，势在必行。

同样是吹牛，有的人说的大话连他自己都不信，何况别人；而马云"吹牛"，他自己信，也能让别人信。

柳传志曾在央视《对话》栏目中谈到，2002年他初识马云，对其印象深刻：马云讲话确实非常有"煽动"能力，说要做几百亿的互联网生意，当时他想，马云心里识数？毕竟，几百亿在当年是一个非常大的数字啊！如今，他真的对马云刮目相看。

当然，这世上没有谁能靠忽悠成就伟业。马云最终能够成为大佬级别的企业家，在于他把曾经吹牛的话都一一实现了，让大家看到了实干家的里子。马云一路吹过的牛，被阿里巴巴一一印证。这就是他的厉害之处。

所谓"梦想有多大，舞台就有多大"，马云应该是这句话最好的诠释者吧！

· 商业模式 ·

颠覆传统，降维攻击

马云最常说的一句话是：多数人是因为看见而相信，很少人因为相信才看见。这是马云独有的谋富哲学。

时间回溯到1995年，马云第一次在西雅图接触到互联网。众所周知，马云创业前是一名大学老师，他在杭州电子工业学院（现杭州电子科技大学）当了7年英语老师（1988年到1995年）。1994年，杭州电子工学院来了一个叫比尔·阿霍的外教，是他第一次介绍互联网给马云，马云听后异常激动。碰巧，马云很快得到了去美国访问的机会，马云在西雅图第一次接触电脑和互联网。后来马云回想自己当时的心情："我甚至害怕触摸电脑的按键。我当时想：谁知道这玩意儿多少钱呢？我要是把它弄坏了就赔了。"

马云在搜索引擎上输入单词"beer（啤酒）"，结果只找到了美国和德国的品牌，他立刻意识到商机来了：为什么不能利用互联网帮助中国的公司打广告？

于是，"杭州十大杰出青年教师"之一的马云回国后立马辞职，借了2000美元，和朋友何一兵于1995年4月开办了"中国黄页"。中国黄页其实就是把邮电局的纸质版信息簿搬到了网上，没有多少技术含量，但它一点儿不影响马云赚到人生第一桶金。

别人不懂，而只有你懂，不管你懂多少，这就是优势。抓住它，就是商机。当时很多人不知道互联网，马云背着包在北京到处推销中国黄页，他第一次到某国有单位推销：中国黄页是给您在信息高速公路上做宣传，把中国全部放到电脑里去，让世界了解中国。结果负责人很不耐烦："这个事情你应该先约，你要是不约呢，我很难给你一个满意的答复。"

人们对于新生事物的无知和排斥，恰恰就是大商机所在。中国黄页很快引起了杭州电信的注意，杭州电信当时也做了一个中国黄页，马云决定和杭州电信合并。中国黄页作价60万元，占30%股份，对方投140万元，占70%股份。凭借中国黄页，马云在中国互联网界名声大噪。

1999年2月，在新加坡召开的亚洲电子商务大会上，出现了一幕有趣的景象：大会美其名曰"亚洲电子商务大会"，但放眼望去，参会人员中尽是金发碧眼高鼻子的欧美人，黄皮肤黑头发的东方人只有寥寥数人，在这"寥寥数人"中，就有马云。

当时，亚洲电子商务才刚开始起步，所以不惜重金邀请了毫不知晓亚洲国情的西方专家。这些西方专家侃侃而谈的都是eBay、亚马逊等欧美式的电子商务。轮到马云发言的时候，他直言不讳地提出了自己的见解："美国是美国，亚洲是亚洲，美国模式的电子商务未必就适合亚洲实情，亚洲应该有自己独特的模式。"

亚洲电子商务的独特模式究竟应该是什么样子？这个问题在随后一段时间

内，一直萦绕在马云那颗外星人般的大脑中。

当时风行的美国模式电子商务，瞄准 20% 的大企业；马云决定颠覆人们对电子商务的固化理解，瞄准 80% 的中小企业。在马云看来，如果把企业也分成富人穷人，那么互联网就是穷人的世界。因为大企业有雄厚的实力，有管道，有广告能力，而小企业什么都没有，他们才是最需要互联网的。

小企业好比沙滩上一颗颗石子，但通过互联网可以把一颗颗石子全粘起来，用混凝土粘起来的石子们威力无穷，完全可以与大石头抗衡。这是马云对互联网的认识。

马云说，像沃尔玛这样的大型采购商，曾灭掉了许多中小企业采购商。例如市场上一支钢笔订购价是 15 美元，沃尔玛开出 8 美元，迫于 1000 万美元的订单，供应商不得不做，但如果第二年沃尔玛取消订单，这个供应商就完了。而通过互联网，这个小供应商就可以在全球范围内寻找客户，悲剧即可避免。阿里巴巴的出现，使中小企业采购商和销售商可以把生意做到世界各地。

马云之所以选择为弱势企业服务，有他说的济世情怀，另一个更大的现实原因是他们不懂电子商务。向不懂的人兜售新事物，成交的可能就比较大。

当时很多人觉得电子商务根本就是骗人的东西。有一次，马云为了得到杭州一个客户的生意，连续跑了 5 趟，对方还是认为马云的电子商务是一个骗钱的东西。为了让客户改变看法，马云到处搜集有关电子商务的资料，一次次为客户讲解电子商务的概念和模式，告诉客户在网上做广告比在其他媒体上效果更好。尽管马云已经说得口干舌燥了，客户还是半信半疑。即使这样，马云依旧没有选择放弃，他带走了客户的名片，几天之后，马云又来了，这回还带来一个笔记本电脑，当客户看见自己企业的信息出现在网上的时候，他终于相信了马云，同意付钱。

可以说，创业阿里巴巴是得到了中国黄页的启发。包括后来的淘宝，致力于广大小业主和个体商户的生意，再到后来的云计算和农村电商，马云一直沿用的是降维攻击的思路：做新经济的探路者，然后瞄准 80% 的群体，兜售他们不熟悉的技术和服务。

可以看出，马云一路走来，对"小而美"的生意不感兴趣，他只做"大生意"。

· 竞争理念 ·

心中无敌，天下无敌

马云曾公开表态对钱没兴趣，称其从来没碰过钱。有人调侃，越对钱没兴趣就越有钱。

赚钱从来不奔着钱而去，竞争从来不跟对手开干。这就是马云的秘诀：心中无敌，天下无敌。

马云开始经营互联网的时候，中国的 IT 业还没有发展起来，在后来短短几年里，中国的互联网行业迅速膨胀，马云面临的竞争也异常激烈。对此，马云的看法却与别人不同，"打拳碰到泰森，你可能会认为很倒霉。其实，能够找到世界一流的对手，那是一辈子的幸运。""竞争对手所做的每一项决策，都能使我们获得成长。竞争对手还是企业最好的实验室，因为竞争对手会研究你。而你也会从他们所提出的任何创新点子中吸取经验。"强敌林立的情况下，向竞争对手学习，不去打败对手，而是发展自己，视竞争者为磨刀石，把自己越磨越快，越磨越亮。

随着阿里巴巴越做越大，很多竞争对手出现了。尤其在并购了雅虎中国之后，阿里巴巴陷入残酷的市场竞争，国外的电商巨头 eBay 和亚马逊来了，谷歌这种世界发展速度最快的公司也来了，国内各互联网公司新浪、搜狐、网易、腾讯更是全部把阿里巴巴当成竞争对手。

有人在山寨阿里巴巴，有人在想办法"搞垮"淘宝。2006 年 6 月，腾讯拍拍就曾推出"大雨来袭，蚂蚁搬家"活动，吸引淘宝卖家倒戈相向。为此，腾讯在拍拍的首页设置了"淘宝店主搬家签到处"，打着"将免费进行到底"的旗号，承诺"搬家就送推荐位，开张就送大红包"，并将淘宝的信用度直接导入拍拍网中。这只是腾讯和淘宝较量中的冰山一角。而另一个互联网巨头——百度，也曾经为"百度有啊"拼命烧钱，只为对打淘宝，曾经一度让马云头疼不已。

面对咄咄逼人的竞争对手，马云的态度是：没有公司会对阿里巴巴构成威胁，真正的威胁来自于我们自己，中国市场上也许会有 50 个和阿里巴巴相似的公司，但是只有一个阿里巴巴。可以说以后 C2C 的竞争会更加激烈，也会更加精彩，还会有新的市场进入者。市场竞争者越多，对领先者越有利。

等到阿里巴巴成为行业霸主的时候，马云又犯愁了："如果没有竞争对手，是很孤独的。阿里巴巴孤独了 5 年，我们应该互相学习，商场竞争永远不需要打口水仗。阿里巴巴尊重所有进入这个市场的竞争者。"马云建议：要把竞争对手当作你的产品研究中心。马云对阿里巴巴的对手的态度是：尊重、欣赏、学习！

西方有一句话，上帝总是把等重的人放在天平的两边。我们既不能蔑视对手，也不该轻视自己，因为，对手是和我们拥有同样生命重量的人。对于亚马逊，马云相当敬佩，他说："亚马逊是世界上最了不起的企业，有一次我和贝佐斯（亚马逊集团董事会主席兼首席执行官）两个人在盖茨家里，他知道我们两个不是对手，但我们两个很竞争。如果美国有一个阿里巴巴，亚马逊还能活？美国因为没有阿里巴巴，才让亚马逊活下来。"

没有对手，你就不会知道自己的弱点与不足，只有对手，才可以让你时时刻刻运转自己的大脑。

弱小的时候，不被强大的对手吓退；强大的时候，不去和对手争个你死我活。永远不和对手竞争，而是和明天竞争——这就是马云创业以来秉持的竞争观念。马云坚信商场上的一句话：心中无敌，无敌于天下。千万不要把别人当对手看，要把别人当榜样看，看他为什么成功。

· 经营智慧 ·

共创、共担、共享、共赢

马云说："我在公司里的作用就像水泥。把许多优秀的人才黏合起来。使他们力气往一个地方使。"马云有个习惯，演讲时他总会说："我是代表阿里巴巴两万多名员工站在这里的，我能站在这里，是因为我背后有两万多名阿里巴巴员工在默默地付出。"马云这么说，完全有自己的底气。得人心者得天下，马云在管理和凝聚人心方面是高手。他的秘诀在于8个字：共创、共担、共享、共赢。最主要的体现就是舍得分享财富。

在第一次创业期间，马云数次面临发不了工资的窘境，但马云坦诚地告诉了员工，没有隐瞒，第一时间获得了员工的谅解和支持。1999年，马云决定回杭州进行二次创业时，也是坦诚地和自己的团队进行沟通。他告诉员工，愿意留在北京的，他负责写推介信，保证员工能找到高薪工作，愿意和他一起回杭州创业的，他只能保证每月500元的工资和高强度的工作。

正是马云这种坦诚相对，团队人员集体决定和马云一起"再干一场"，这些人就是后来的"18罗汉"。正式创业后，马云又告诉大家，除了工资低，加班会是家常便饭，需要大家住在距离公司很近的地方，租住最便宜的民房，每天正常工作时间是12个小时，加班的时候需要工作16个小时，甚至更多。大家还是留下了，因为他够坦诚。

马云说："我成立这个公司的第一天起，我就为自己也给整个公司立下了规矩，永远不能有任何人控股这个公司。我本人也好，我的团队也好，没有一个人希望成为中国的首富或杭州的首富，我们就想做事，我们能够创办一个真正伟大的中国公司。"

2007年11月，阿里巴巴公司在香港联交所上市，在马云的坚持下，阿里巴巴实行"全员持股"计划，马云甚至利用自己的影响力，向孙正义和杨致远为员工争取了更多的利益。最终，4900名员工总共持有4.04亿股上市公司股份及3919万股认股权和25万股受限制股权等，合计4.4亿股，约占总股本的26.32%。按此计算，阿里巴巴实际为内部员工创造了至少184亿港元的市值财富。

马云这样做的目的是"和员工共享财富"。阿里巴巴集团数位高管一夜成为千万富翁甚至亿万富翁，普通员工中成了百万富翁的竟然超过千人。刚入职的大学生也分到了"上市大红包"。团队中有65%的员工拥有公司期权，世界上没有别的公司有这样的事情。马云的不凡之处在于，他没有通过 IPO（首次公开募股）将自己变成中国首富或亚洲首富，而是毫不犹豫地兑现了创业时的诺言，他将集团中 70% 的员工变成了"大富翁"，他一夜之间点石成金，5000多名员工从此可以衣食无忧地享受生活。马云开创了互联网公司上市历史上最大规模的一次"造富狂潮"。

企业生存和发展的过程中，人的作用始终居于首位。只有愿意付出的员工才是驱动企业加速前进的核心。马云是真正把员工当作"最宝贵的资产"的企业家。从马云对待员工的"舍得"，可以领悟到他成功的真谛。

马云是大学教师出身，浑身洋溢着自由平等的理想主义情怀。他没有急功近利的弱点，也没有对权谋的嗜好，更没有对财富的霸占心思。

阿里巴巴被称为电商黄埔军校，上市后一大批老员工离职创业，阿里校友遍布全国各个行业，但更多人选择坚守在阿里巴巴。马云留人的秘诀是什么呢？

"我从来没留他们（员工）过。阿里巴巴 10 年以来 22000 名员工，离开的也有 10000 名左右了，我一下子记不清楚，我从没留过任何人。"这是马云2010 年 12 月在和 80 后、90 后聊天时说的话。

马云认为他没有必要留任何人，他认为对自己来说"当好这个公司（阿里巴巴）的使命感和价值观的守门员，这件事情是最最重要的"。当一名员工决心离开时，说明他是不适应和不认可公司文化的，而勉强不属于阿里巴巴的人留在阿里巴巴，结果肯定是害人害己。

阿里巴巴创办初期，正急需人才之时，一位香港 IT 高手送上门来，马云说给他每月 500 元工资。对方大吃一惊，觉得这工资连给女朋友打电话都不够，掉头就走。没想到，马云也毫不挽留。

阿里巴巴是"价值观"驱动的公司，你认同，你留下，你付出，你担当，你就会收获到"巨额财富"。但如果你想"搭便车"，或者没有担当意识，对不起，你早晚得离开。

2011 年 2 月，阿里巴巴爆出 2326 名"中国供应商"涉嫌欺诈事件，上百名阿里巴巴员工牵涉其中。危机发生后，马云处理迅速而有力：B2B（Businessto-Business，指企业与企业之间通过专用网络或Internet，进行数据信息的交换、传递，开展交易活动的商业模式）公司 CEO（首席执行官）和 COO（首席运营官）——马云的得力爱将卫哲和李旭晖双双被辞，数十位员工被开除。社会上多把马云的这些举动看作是一场成功的公关秀，但马云则称这是在坚守企业价值观的"牌坊"。

马云说："做企业不能当侠客。我是公司文化和使命感的最后一道关。作为大家信任的 CEO，我要做的是捍卫这个公司的价值体系。"

马云反复告诫团队："永远不要把赚钱作为公司的第一目标，我们真正要做的是帮助客户创造价值。损害客户利益的事情，就是员工最大的失责。如果今天我们没有面对现实、勇于担当和刮骨疗伤的勇气，阿里将不再是阿里，坚持 102 年的梦想和使命就成了一句空话和笑话！

"这个世界需要的是一家来自社会，服务于社会，对未来社会敢于承担责任的公司；这个世界需要的是一种文化，一种精神，一种信念，一种担当。因为只有这些才能让我们在艰苦的创业中走得更远，走得更好，走得更舒坦。"

卫哲和李旭晖的辞职是公司巨大的损失，马云非常难过和痛心。马云"挥泪斩马谡"，不过是提醒阿里人，即便过了艰苦奋斗期，阿里人也必须敢于担当。赚钱永远只是一个结果，而失去了共创和共担精神，就不会有这个结果，也就不存在共享和共赢的喜悦。

· 企业文化 ·

永远把客户放在第一位

阿里巴巴，这个一度登顶全球最高市值电商公司的中国巨头，连华尔街最精明的分析师都不敢轻言它的尽头在哪里。

经历了无数困难，18 人的小公司目前已成为中国也可能是世界上最大的电子商务公司。回顾过去，马云强调：客户，是阿里巴巴最杰出的成就。

自马云创立阿里巴巴以来，就一直贯穿"客户第一"的经营理念。在阿里巴巴的价值观——"六脉神剑"的排序中，前三剑是"诚信""激情""敬业"，中间两剑是"团队合作"和"拥抱变化"，最后一剑封喉的就是"客户第一"。可见"客户第一"在马云心中的重要性。

马云认为，做企业不是打仗，不要持有跟谁比、超越谁的想法，做好客户服务才是做企业的关键，更是企业生存的真谛。如果你放弃了自己的客户，你一定会死掉。

在对"客户第一"的阐述中，阿里巴巴提出的五项具体要求，体现了阿里巴巴在价值观的落地和执行标准上下了很深的功夫。

"无论何种情况，微笑面对客户，始终体现尊重和诚意"：阿里巴巴要求对客户要予以充分的尊重，要愿意与客户保持长久合作。

"在坚持原则的基础上，用客户喜欢的方式对待客户"：阿里巴巴更愿意以互利互惠的方式对待客户。只有坚持原则，才能得到客户的信赖，才能建立长期合作的关系。在和客户的沟通上，要采用客户愿意接受的方式，向客户表现出足够的诚意。

"站在客户的立场上思考问题，最终达到甚至超越客户的期望"：这项要求被认为是阿里巴巴客户管理精髓。

"平衡好客户需求和公司利益，寻求双赢"：如果仅仅公司得利，而让客户遭受损失，那么公司就很难获得持续的客户；如果客户得利而公司受损，那么公司就入不敷出，难以为继。因此最佳的选择就是在深入了解客户需求的基础上，设计出双方都能接受的利益分配方式。

"关注客户需求，提供建议和资讯，帮助客户成长"：这项要求集中体现了阿里巴巴愿意与客户共同成长。

很多人不知道的是，在创业的头三年，即 1999 年、2000 年、2001 年，阿里巴巴几乎没有一分钱收入。马云说："鼓励我们坚持下去的是我每天收到大量客户的感谢信，因为阿里巴巴找了新的客户，因为阿里巴巴有了希望和信心，这些信件支持我们走到了现在。"

在创业时期，坚持"客户第一"，很多企业都无异议，毕竟这时候客户是衣食父母，大家都看得很清楚。问题是，等到企业做大、上市之后，有几个企业敢说自己一直坚持"客户第一"呢？现实中，有太多的企业在上市之后，唯股东马首是瞻，似乎股东掏了钱，不是第一就没有天理了。

在马云看来，这是一种严重的认知误区。早在1999年融资时他就跟股东明确表示，投资者是阿里巴巴的娘舅，客户才是阿里巴巴的父母。在上市后，马云在股东会议上，更是当着所有股东的面坚称：在整个公司治理过程中，他坚信客户第一、员工第二、股东第三。他认为10年以来，阿里巴巴活下来的其中一个理由就是不管任何时候都坚持客户第一、员工第二、股东第三。这份勇敢，没有几个企业家能够做到。

马云指出，企业上市以后，不能颠倒过来说"股东第一"，原因在于：假如股东第一，企业的压力就会变大。"因为股东不了解你的企业，90%的股东不知道你在干什么，他们是从财务报表看你，你必须要知道你自己干什么。所以，所有的创业者必须上了市以后，自己仍旧是普普通通的创业者，坚信服务好你的客户，坚信让你的员工成长，坚信对你的股东尊重，我认为股东第三不是对股东看不起，而是在分配资源的过程中，把股东放在第三位，是对股东资源的决策。但是，对股东必须透明，只要你透明，讲实话，讲清楚，就会得到股东的支持，因为你做好了客户，做好了员工，股东利益一定能得到保障。"

一开始，有些投资者质疑马云的这一逻辑。但随后的事实证明，只有把客户放在第一位，股东获得的利益才是持续而稳健的。即便在经济海啸肆虐的2009年，阿里集团的战绩依然显赫，股东的利益丝毫没有受损。

W．钱·金和勒妮·莫博涅在合著的《蓝海战略》一书中提出，企业若想避开竞争激烈的红海，唯一办法就是将视线从竞争者身上挪开，重新关注"客户需求"，剔除和减少产业竞争方面的比拼成本，全力以赴为客户创造价值。"心中无敌"的马云很好地诠释了蓝海战略的这一精髓。

· 领袖魅力 ·

出手无招的"风清扬"

宣布退休的时候，被问及"您认为下一个比尔·盖茨是谁？"比尔·盖茨毫不犹豫地回答："马云。"可见，马云的魅力，地球人都挡不住。

2018 年 10 月 30 日晚，金庸先生逝世，马云发悼念："若无先生，不知是否还会有阿里。要有，也一定不会是今天这样，几万人一起痴痴癫癫——创业。"足见其对金庸小说的热爱。马云还表示金庸笔下的武侠精神早已融入阿里血液，化为百年精神。

在马云的主导下，阿里巴巴办公室多以金庸小说的武林圣地命名。马云的办公室叫"桃花岛"，会议室叫"光明顶"，洗手间叫"听雨轩"。阿里巴巴的价值体系，先后被称为"独孤九剑"和"六脉神剑"。

马云说："刚创业的时候，我们 18 个阿里巴巴的创始人，十六七个都对金庸小说特别喜欢，金庸的小说充满想象力，充满浪漫主义和侠义精神。尤其是侠义精神，替天行道，铲平人间不平之事。金庸小说里的很多人物我都特别喜欢，但最喜欢的是《侠客行》里的石破天，他简单，他执着；另外比较喜欢风清扬，第一，他是老师，自己不愿出来但他培养了令狐冲。第二，他擅长无招胜有招。"

阿里巴巴员工都有个出自武侠或玄幻小说里正面角色的"花名"，在公司，大家相互之间直呼花名，创造出公司里人与人之间平等的氛围。马云的花名是"风清扬"，马云接班人张勇的花名是"逍遥子"，蚂蚁金服原董事长兼 CEO 彭蕾的花名是"林黛玉"，天猫原总裁王煜磊的花名是"乔峰"。

风清扬是《笑傲江湖》的人物，而"独孤九剑"就是风清扬的绝学。风清扬原属于华山派剑宗的一代宗师，后一直隐居华山山后，在思过崖偶遇令狐冲，见他慧根好，传其独孤求败绝学"独孤九剑"，此后令狐冲多次凭借这一神奇剑法脱离险境。风清扬教给令狐冲独孤九剑时说："招是死的，但人是活的，活用招式的最高境界是无招胜有招。而独孤九剑的最关键处，在于'料敌先机'，要提前预知形势，并由此发现敌人的破绽，从而达到'只攻不守，以攻为守，攻敌之不得不守'的境界。"

2017 年 11 月，一部明星阵容强大的功夫动作短片《功守道》开播，引发国民热议。影片中，马云亲自饰演男一号，一个无招胜有招的无敌功夫高手。马云终于将自己的风清扬大侠梦搬上了荧屏。

马云是教师出身，执掌阿里巴巴之后，他决心当一个像风清扬一样的老师，想发现最好的人才，训练他们，培养他们，让他们比自己更棒。

1999 年创始之日起，马云就提出未来的阿里巴巴必须要有"良将如潮"的人才团队和迭代发展的接班人体系。经过 19 年的努力，今天的阿里巴巴无论是人才的质量和数量都堪称世界一流。到处救火的陆兆禧，更具担当的张勇，蚂蚁金服的井贤栋，将支付宝打造成国内最大第三方支付平台的彭蕾，马云培养出来的"令狐冲"何其多。马云曾这样说："我们的竞争对手可能只有一个出名的 CEO，我们呢，我马云甚至连'十大'都排不进去。"

在商界，马云是公认的"搅局者"。外行出身、毫无技术背景的他，愣是把互联网江湖一次又一次搅乱。在技术派面前，他如同风清扬一样，打出的招数，常常让人难以捉摸。技术派们看不懂，不喜欢与之为伍。马云也和风清扬一样，不愿意卷入"门派"之中。

2017 年 12 月 3 日，网易的丁磊在乌镇西栅景区安排了一场饭局。李彦宏、马化腾、雷军、张朝阳、余承东悉数到场。开席半小时后，刘强东又转战自己和美团的王兴共同组织的另一场饭局，除了随后赶到的马化腾、雷军，出席"东兴会"饭局的还有联想 CEO 杨元庆、滴滴 CEO 程维、58 同城的姚劲波、今日头条的张一鸣、摩拜单车 CEO 王晓峰、快手 CEO 宿华、知乎创始人周源等。

而两场饭局中都没有马云。事后马云回应道："确实没人邀请我，当然，邀请我我也不一定有时间，我也没去想过参加还是不参加。"

马云从来不把自己当作一般商人，他说："我不想做商人，我只想做一个企业，做一个企业家。在我看来，生意人、商人和企业家是有区别的，生意人以钱为本，一切为了赚钱；商人有所为，而有所不为；企业家的目标则是影响社会，创造财富，为社会创造价值，影响这个社会，赚钱是一个企业家的基本技能，而不是所有技能。赚钱是很容易的事情，这是我的结果，不是我的目的。世界上会赚钱的人很多，但世界上能够影响别人、完善社会的人并不多，如果做一个伟大的公司，就要做这样的人。"骨子里，马云就是要做风清扬这样的大侠。

高手风清扬最终选择了归隐山中。马云在和王菲合唱的《风清扬》中，有一句歌词埋藏了他的想法："一个个事了拂衣去，深藏身与名。"

2013 年 5 月 10 日，马云辞去阿里巴巴集团 CEO 一职，继续担任阿里集团董事局主席。2018 年 9 月 10 日教师节，马云公布"传承计划"：一年后的阿里巴巴 20 周年之际，即 2019 年 9 月 10 日，他将不再担任集团董事局主席，届时由现任集团 CEO 张勇接任。可以看到，马云在循序渐进地"隐居"。

· 商业真经 ·

马云经典语录

1. "您那么有钱，为啥不花天酒地，无所不能，把钱花出去，满足自己的欲望？"马云："我的这些钱是别人对我的信任，我要把它们用得更好！"

2. 要学会在谣言的口水里游泳。

3. 带着仇恨的竞争，一定失败。

4. 即使是泰森把我打倒，只要我不死，我就会跳起来继续战斗。

5. 员工辞职原因林林总总，只有两种最真实：一、钱没给到位；二、心受委屈了。这些归根结底就一条：干得不爽。这些员工走的时候还费尽心思找靠谱的理由，为的就是给你留面子，不想说出你的管理有多烂，他对你已经失望透顶。仔细想想，真是人性本善。作为管理者，定要乐于反思。

6. 今天很残酷，明天更残酷，后天很美好，但是绝大部分人是死在明天晚上，只有那些真正的英雄才能见到后天的太阳。

7. 不管你拥有多少资源，永远把对手想得强大一点。

8. 做管理，就是实力、眼光和胸怀。

9. 关系特别不可靠，做生意不能凭关系，做生意也不能凭小聪明。

10. 一个好的东西往往是说不清楚的，说得清楚的往往不是好东西。

11. 我在雇人的时候，总是找比我更聪明的人。而且我会找那些我觉得四五年以后，可以当我上司的人。

12. 晚上想想千条路，早上醒来走原路。

13. 当你成功的时候，你说的所有话都是真理。

14. 上当不是别人太狡猾，而是自己太贪。

15. 当别人叫你疯子，你已经离成功不远了！

16. 在今天的商场上已经没有秘密了，秘密不是你的核心竞争力。

17. 赚钱模式越多越说明你没有模式。

18. 要找风险投资的时候，必须跟风险投资共担风险，你拿到的可能性会更大。

19. 天不怕，地不怕，就怕 CFO（首席财务官）当 CEO。

20. 在公司内部找到能够超过你自己的人，这就是你发现人才的办法。

21. 有一样东西是不能讨价还价的，就是企业文化、使命感和价值观。

22. 永远不要控股企业，令其痛苦不堪。

23. 阿里巴巴今天最大的骄傲是什么？很多人说我们上市了成功了，谁成为中国首富、亚洲首富，其实我们骄傲的是让几千个人成为百万富翁，我们让几十万家的企业赚到钱，我们让上百万的创业者成功。

24. 冬天来到不完全是坏事，在冬天里，我们不得不更专注核心业务，加强企业的内部管理和企业文化建设，这是难得的完善自己的机会。

25. VC（风险投资）永远是舅舅，孩子还得靠自己带大。

26. 我们与竞争对手最大的区别就是我们知道他们要做什么，而他们不知道我们想做什么。我们想做什么，没有必要让所有人知道。

27. 在我看来有三种人：生意人，创造钱；商人，有所为有所不为；企业家，为社会承担责任。

28. 不想当将军的士兵不是好士兵，但是一个当不好士兵的将军一定不是好将军。

29. 书读得不多没关系，就怕不在社会上读书。

30. 人还是要有梦想的，万一实现了呢？

成杰智慧评语

有钱可能是后天的，但有雄心一定是先天的。

马云最大的特点就是，他是天生的野心家和梦想家。马云的那句"梦想还是要有的，万一实现了呢"，被人们视为经典。

我在《大智慧：生命智慧的十大法门》里面讲过，生命的伟大在于心中有梦。在这个世界上，唯一可以不劳而获的就是贫穷；在这个世界上，唯一可以无中生有的就是梦想。

1995 年，马云第一次到西雅图接触到了互联网，就有了"我要改变世界"的想法。这种雄心是一般人难以拥有的。

1999 年创业，马云对他们所有人说："我们要办的是一家电子商务公司，我们的目标有三个：第一，我们要建立一家生存 102 年的公司；第二，我们要建立一家为中国中小企业服务的电子商务公司；第三，我们要建成世界上最大的电子商务公司，要进入全球网站排名前十位。"

当时的马云，要钱没钱，要资源没资源，连工作的地儿都安在了家里，可他却给了所有人一个清晰的"未来"。有了这个未来，大家心里有了底，至少领导很详细地构想过大家要干的事情了；有了这个未来，马云及其团队度过了难熬的创业期；有了这个未来，阿里巴巴顺利度过了好几次关乎生死存亡的危机。

马云的创业史，就是在一步步把"未来"变为现实。

马云"梦想成真"的根本在于"利他经营"。发自内心地成就人，自然就会把事业做大。你能够成就多少人，你就能做成多大的事业。

从创业开始，他就立志"做数不清的中小企业的解救者"。在马云看来，微软就是一家伟大的公司，它改变了整个人类的生活；星巴克是一家伟大的公司，它卖的不是咖啡，而是一种生活方式，它影响了很多人的生活方式。马云创立阿里巴巴，也要做伟大的公司，以改变很多人命运为荣。

通过帮助别人，来成就自己的事业，马云是这么说的，也是这么做的。

2008 年 7 月，金融危机爆发，市场形势十分恶劣。在这种情形下，马云明确指出，在经济冬天里阿里巴巴更重要的任务是——帮助中小企业过冬，帮助它们生存下去。马云看得很透彻："如果我们的客户都倒下了，我们同样见不到下一个春天的太阳！帮助这些企业渡过难关是阿里巴巴的使命。"

为此，阿里巴巴启动为帮助中小企业"过冬"生存发展的特别行动计划。在该计划中，阿里巴巴将集结阿里巴巴 B2B、淘宝、支付宝、雅虎口碑、阿里软件等所有资源，全力以赴地帮助中小企业渡过"生存难关"。在马云的推动下，许多中小企业获得了更多来自俄罗斯、巴西、印度等国家新兴市场的采购订单，另一方面，很多中小企业还顺利实现了融资，得到了救命钱。

马云帮助中小企业从金融危机中走了出来，在这个过程中，越来越多的中小企业开始汇聚在阿里巴巴周围。阿里巴巴成为行业第一，淘宝成为行业第一。成人者天成之，马云成全了别人，最终成就了自己。

在救济中小企业的同时，马云还做了件"逆天"的事情。全世界所有的企业不是降薪就是裁人，马云却"逆势"厚待员工，年终奖照发，而且给表现优异的员工涨工资。他的解释朴实而真诚："在冬天到来的时候，企业更应该对员工负责任。越是冬天，员工越是期盼高工资和年终奖。"照发年终奖的决定出来以后，当时 1 万多名员工心里非常踏实，大家干劲儿更足，这一年成为阿里巴巴创办 9 年以来最成功的一年。

软银的孙正义在回答为何选择投资马云时说："当时中国 B2B 领域共有四大公司，除阿里巴巴，还有 8848、MeetChina 和 Sparkice，而选择阿里巴巴的重要原因是马云及其团队的坚定信念，尤其是 18 个创业合伙人的精神。当年我们放弃别的机会，集中精力投资马云这个团队。我们并不是神仙，一眼就能看到阿里巴巴的未来，也只能看到电子商务这个大方向，但为什么最后选择马云这个团队呢？了解他多一点的人就知道，他能把很多人聚在周围，团队非常厉害。VC 很重要的是判断团队。马云有一种独特的分享意识及不平凡的领导才能。"

动机善，则事必成。正念利他之心的回报是不可思量的，为对方着想似乎伤害了自己利益，但却总会给你带来意想不到的收获。马云的成功，很大程度上是因为他背后有太多的拥护者。我为人人，人人为我。这个简单的道理，在商界亦然。

第 2 章

雷 军

重点提示

创业故事：四十不惑，一切才刚开始

商业模式：布局生态链，对"韭"当割

竞争理念：专注、极致、口碑、快

经营智慧：优秀的公司赚利润，伟大的公司赢人心

企业文化：把用户当朋友而非上帝

领袖魅力：身先士卒的"劳模"

商业真经：雷军经典语录

成杰智慧评语

· 创业故事 ·

四十不惑，一切才刚开始

雷军有一句话让人津津乐道："站在台风口，猪也能飞起来"，这是雷军用前半生的痛觉悟出来的。

雷军，1969 年出生于湖北仙桃，18 岁考上了武汉大学计算机系。进入大学后，雷军仅用了两年时间就修完了所有学分，甚至完成了大学的毕业设计。受《硅谷之火》中创业故事影响，在大学四年级的时候，雷军开始了第一次创业，和同学王全国、李儒雄等人创办三色公司，可因为盈利模式模糊不清，短短半年后，三色公司宣布解散，雷军的第一次创业就这样结束了。

大学毕业后的雷军，没有去同学们趋之若鹜的广州、深圳，虽然大家都说那里钱多、机会多，可雷军隐隐约约觉得自己的梦想之地在北京，于是，他只身前往北京闯荡。1991 年年底，雷军在北京中关村偶然结识了求伯君，受他的邀请，雷军加盟金山软件股份有限公司，成为金山的第六名员工。雷军先后出任金山公司开发部经理、总经理、总裁，这一干就是整整 16 个年头。

在这 16 年中，金山历经从办公软件到词霸、毒霸，再到向游戏和网络的多次转型，几经起落。雷军带领金山五次冲击 IPO，最终依靠网络游戏的业绩，于 2007 年 10 月成功在香港上市。但金山当年的上市估值，远不如同一年在香港上市的阿里巴巴，更不及早几年在美国上市的盛大、百度等互联网企业。

雷军担任金山公司总经理之时，马化腾、丁磊等人刚走出校门到电信局上班，李彦宏还在美国念书，周鸿祎也刚参加工作，马云筹办中国黄页在北京到处碰壁。雷军的湖北老乡周鸿祎曾说，很长一段时间内，他对雷军都是仰视的状态，因为雷军出道早，江湖辈分高，是中关村里的元老。但是，短短几年后，这帮"小字辈"都成了赫赫有名的互联网大佬，雷军不知什么时候被远远落在了后头。

对于金山的这段经历，雷军有太多感慨："金山在上世纪（20世纪）90年代还很火，1999年互联网大潮起来的时候，我们却忙着做wps，忙着对抗微软，无暇顾及。到2003年时，我们再环顾四周，发现我们远远落后了。那一瞬间，我压力非常大，作为CEO，我后面两三年每天都在想，什么地方出问题了，是团队不够好，还是技术不行，还是自己不够努力？"

要知道，雷军在金山期间，是业内出名的"劳模"，更被认为是"IT界最勤劳CEO"，在他的影响下，金山团队成员身上都有着这种拼命三郎的精神。在《我十年的程序员生涯》一文中，雷军却透露，自己曾经花费整整7年心血开发的BITLOK（一种加密软件），在推出后不久，就面临着市场萎缩的问题，最终不了了之。不是团队的问题，不是技术的问题，更不是努力的问题，到底是什么地方出问题了呢？

带着这样的疑问，2007年年底，雷军决定换一种生活。在自己"一手带大"的金山软件正式于在香港上市两个月之后，雷军辞职了，离开了自己埋头苦干了16年之久的老东家，转身做了天使投资人。作为"新手"天使投资人，雷军先后过投资过20多家创新企业，这些企业涉足移动社交、电商平台、在线医疗等领域，有些项目甚为经典，比如拉卡拉、优视科技（UCWeb）、凡客诚品、好大夫、乐淘、多玩、多看等，都很成功。

跳出了程序员生活圈子，视野开阔的雷军慢慢觉悟：成功光靠勤奋是不够的，还需要找到台风口，顺势而为。"大龄青年"雷军开始寻找自己的机会。

2009年12月16日，40岁生日那晚，寻觅无果的雷军有些沮丧，借着酒劲儿跟一干好友发牢骚，诉说着自己的人生迷茫。好友黎万强安慰他，自古英雄大器晚成，远的不说，近的看优秀企业家柳传志和任正非，前者40岁创业，后者 43 岁创业。40 岁为时尚早，人生可以重新开始。雷军听后醍醐灌顶，他决定重新出发。

但重新开始做什么呢？凭借着敏锐的嗅觉，雷军意识到，未来将是移动互联网的时代，这就是大势，他果断选择进军移动互联网行业，开启自己人到中年的再次创业。

雷军创业的第一步是找人，在他的不屈不挠、穷追不舍下，他先后找来了谷歌中国工程院副院长林斌、微软中国工程院开发总监黄江吉、谷歌中国高级产品经理洪峰、摩托罗拉研发中心高级总监周光平、北京科技大学工业设计系主任刘德、金山词霸总经理黎万强，七个人组成豪华的创始人团队。2010 年 4 月，小米公司注册成立。

创始人团队确定下来了，接下来，雷军仍面临着无数的问题，雷军在回忆这段经历时说："我要去做手机，我以前从来没有做过手机，有谁相信我可以做手机？有谁愿意跟我一起去做手机？有哪个投资者愿意把钱给我去做手机？"为了找到硬件方面的人才，他跟林斌每天见很多人，跟每一个人介绍自己，每天面试恨不得从早上到深夜一两点，仍旧迟迟找不到志同道合的人。

虽然创业的过程异常艰辛，但是雷军从没想过退缩，他坚信，小米公司会很有前景，因为它站到了一个台风口，这个台风口就是智能手机的兴起。

2011 年 8 月 16 日，小米手机召开首发会，雷军特意选在了年轻人聚集的北京 798 艺术区，为了达到宣传效果，一向腼腆的他，穿了一身乔布斯的标配衣服：黑 T 恤 + 蓝色牛仔裤，并用乔布斯式的演讲激情，成功吸引了无数人的关注。新品发布会异常成功，而雷军自此也获得了"雷布斯"的称号。

在创业小米的时候，中国的手机行业已经到了"红海"竞争地步，各大品牌的手机产品在硬件上已经做到了极致。雷军没有因此心存畏惧，因为他知道自己走的是颠覆式创新创业之路。小米手机摸索出了自己的一条路——"硬件 + 软件 + 互联网服务"（小米的铁人三项）的智能手机之路。后来的事实证明，"铁人三项"为小米找到了蓝海。

在小米手机刚推出的时候，雷军承受了各种打击：小米故意饥饿营销炒作；小米后盖掉漆、质量差；小米销售量造假；小米售后维修跟不上；小米做的是山寨手机……雷军用产品品质和为用户负责的态度让这些质疑一一消散。2012 年，小米卖出了 719 万部手机；2013 年，卖出 1870 万部手机；2014 年，小米出货量达 6112 万台，销售额达到 743 亿元。在此过程中，小米完成 4 轮融资，估值迅速突破 100 亿美元。小米一跃成为业界的现象级品牌。

"站在台风口，猪也能飞起来""任何时候都要顺势而为，不要逆势而动"，这些话语是雷军对小米高速成长秘密的注解，可趋势是多变的，是很难持久的，当趋势拐了弯的时候，小米又该何去何从呢？

· 商业模式 ·

布局生态链，对"韭"当割

一位投资人总结小米模式曾说，小米在思路上领先两年，产品上领先一年，传统的手机厂商很难追上。很快，他就被这话打脸了。

2015 年，小米手机没有完成预定销售目标，小米进入了一个迷茫的低谷期，雷军主动号召小米全员进行自我调整修炼内功。2016 年，小米出货量跌出行业前五，媒体纷纷唱衰小米，说它破产只是早晚的问题了。到了 2017 年，在市场整体下滑 6.3% 的情况下，小米手机净增长 59%，出货量达到 9100 万台。小米从高峰跌到了谷底，然后又触底反弹了。小米创造了一个增长奇迹，又创造了一个逆袭奇迹，它靠的是什么呢？答案是让人捉摸不透的商业模式。

"小米的商业模式，不以手机盈利为目的，而是以互联网的商业模式，先积累口碑建立品牌，继而把手机变成渠道，通过服务和软件实现盈利。"创立之初，雷军就对小米做出了这样的规划，即软件 + 硬件 + 互联网的"铁人三项"模式，并用来诠释小米的商业模式。

靠销售手机赚钱是所有厂商都在遵循的商业模式，包括苹果、三星、华为、联想，大家惯常的做法是"用低端机冲击市场份额，用中高档机赚利润"，而小米却走了一条不同的道路。雷军把小米的价格压到最低、配置做到最高，以"高配置 + 低价格"的模式冲击市场份额，这成了小米手机的核心竞争力，让其他企业无法复制、无法企及。

可是，小米应该如何盈利呢？雷军认为，"借助小米手机的放量销售带动用户数量的增长。只要有了好的口碑，一切将纷至沓来。"而外界更多的观点则认为，小米是通过"饥饿营销"赚取暴利，电子产品的配件价格跌落十分迅速，一个月就会有明显的跌落，小米想方设法拖延了出货时间，自然能赚取更多的利润。2017 年小米的逆袭才让人们真正反应过来，小米的盈利模式根本不像他们一开始理解的那么简单粗暴。

2017 年 6 月，尽管手机业务仍处在高度的竞争压力中，但小米生态链已经有 89 家企业、年收入突破 150 亿元。这些生态链产品，在小米手机热销时，能够锦上添花；而在手机遇冷时，品类丰富的智能硬件产品，也能帮小米保持存在感，不至于迅速被大众遗忘，全产业链的生态布局为小米形成了明显的竞争壁垒。也在这一年，雷军把小米的"铁人三项"理论从"软件 + 硬件 + 服务"升级为"硬件 + 互联网 + 新零售"。这个时候，人们才真正明白了，小米商业模式是一个可以自动生长的生态链，它能根据时代趋势，不断更新升级，也正为因此，雷军才喊出了"小米模式能得永生"的口号。

其实，小米的生态链布局在小米成立之初就开始了，早在 2011 年，小米就尝试过做移动电源，但效果一般。到了 2013 年，小米重新进入这个市场的时候状态明显不一样，因为那年的小米已经有了 1.5 亿成熟活跃的用户群。2014 年 12 月，小米以 12.6 亿元人民币入股美的集团，在智能家居方面加强合作。2015 年，雷军旗帜鲜明地提出了新国货运动，他认为，现在的中国已经是商品过剩的年代，我们需要做出优质的产品。他将好产品定义为"新国货"，他希望小米能够推动整个中国的"新国货运动"，让优质的产品在各行各业里大量出现。

在这个过程中，小米的生态链以投资孵化的形式围绕手机向外展开，一开始第一层是手机周边，比如耳机、小音箱、移动电源等；第二层是智能硬件，比如空气净化器、电饭煲等传统白电的智能化；第三层是生活耗材，比如毛巾、牙刷等。后来，这一生态链进一步扩大：第一层是智能硬件生态链；第二层是内容产业生态链；第三层是云服务。

小米生态链到底是怎么运作的呢？

雷军说："我想做充电宝，我就在全球范围内寻找做充电宝最好的团队，我掏钱他做大股东，我做小股东，然后从材料采购、工艺改进等各个环节帮助他。"

小米所谓的生态链就是把小米做成生态环境，让更多人围绕小米的品牌、小米的平台、小米的用户提供更多的产品和服务。小米通过借鉴竹林生长模式提出了"竹林理论"，并依靠"竹林理论"打造生态链。生态链内部企业如竹林中的竹子，竹子间通过竹林的根部相互连接并获取给养，竹林内部实现不间断的新陈代谢，在一些竹子老去的同时很多新生的竹笋破土而出，从而保障了竹林的四季常青。

在这种模式下，小米用优质资源支持生态链企业，小米不仅提供资金，还提供品牌、技术、项目管理、销售渠道，甚至是外观、供应链的支持，生态链企业借助小米已经成熟的产品孵化路径，可以快速占领细分市场。小米的生态链投资，为其在智能硬件领域杀出了一条血路。

对于生态链企业的选择，小米的要求很简单，这类企业的业务市场规模要足够大，用户需求足够强烈，产品与小米用户需求契合，除了这些硬性要求外，还有一个不容置疑的软要求，那就是这个企业的价值观要跟小米一致，他们愿意并且能够与用户做朋友，愿意做高品质、高性价比的产品。

2017年年底，小米生态链业绩亮眼，销售额突破200亿元，同比增长100%，获得了iF设计奖金奖、东方设计奥斯卡奖（Good Design best 100）、红点设计大奖最佳设计奖（Best of the best）三大设计大奖。在小米平台上，联网设备已超过8500万台，日活跃设备超过1000万台，合作伙伴超过400家，小米已成为全球最大的智能硬件IoT（物联网）平台。

根据雷军的计划，小米将在5年内投资100家生态链企业，这将使小米生态链覆盖面更广，影响力更大。

· 竞争理念 ·

专注、极致、口碑、快

小米公司，2010 年成立，2014 年，出货量达 6112 万台，销售额达到 743 亿元，短短四年时间，小米创造了一个发展奇迹，让手机行业的众多厂家望尘莫及，它靠的是什么？

雷军最早提出了"互联网思维"的概念，他认为，小米的成功是互联网思维的胜利，是先进的互联网生产力对传统生产力的胜利。那么，到底什么是互联网思维呢？雷军用了七个字来概括：专注、极致、口碑、快。

在一次采访中，雷军对这七个字做出了这样的解释："专注：手指穿桌子肯定是穿不透的，但是如果是针尖就很容易，所以要把力量集中在一点上穿透；极致：互联网上很容易赢家通吃，在全国范围里面只有一两家活下来，那都得在刀山血海中活下来，所以极致的核心是把自己逼疯，把自己逼到极致；口碑：我对口碑的理解就是超越预期，就是这个东西比你想象的更好；快：哪怕你现在解决不了，也要告诉用户，说这个信息我收到了，我大概什么时候改，我每个星期都有改进时间表。"小米在这几个方面具体怎么做的呢？

- 专注 -

乔布斯让苹果从 1997 年亏损 10.4 亿美元，变成 1998 年盈利 3.09 亿美元，起死回生，只用了一招，那就是"专注"，雷军对此叹为观止，"乔老爷子在一次产品战略会发飙了。他在白板上画了一根横线和一根竖线，画了一个方形四格图，在两列顶端写上'消费级''专业级'，在两行标题写上'台式'和'便携'，他说，'我们的工作就是做四个伟大的产品，每格一个'。说服董事会后，苹果高度集中研发了 Power Macintosh G3、Powerbook G3、iMac、iBook 这四款产品。当时苹果离破产也就不到 90 天。"

雷军开始自己做手机的时候，他反复思索乔布斯的"大道至简"理念，他发现，出一款手机，对手机公司来说是再容易不过的事情了，但只出一款却非常难，因为只出一款，需要创业者有足够的自信，得坚信做出的这一款手机是天下最好的。在这种理念下，小米一开始坚持只做一款手机，也只有一个名字，就叫"小米手机"。在手机的配置方面，小米也只做顶级配置的手机，同时还要做到性价比最高，而手机的销售也主要靠小米官网的在线销售。

- 极致 -

有一次，雷军推介红米手机，他先是拆开塑封，说这个塑封是由富士康生产的，是世界一流的；接着掀开包装盒，他又说，这是用进口纸浆做的，保证不会掉屑；然后，他拿起了充电线的袋子，说这是磨砂袋，而其他厂家一般都会用个透明塑料袋……还没看到手机长什么样，仅仅从这些外部的产品包装上，用户就能感受到小米专注与极致的魅力。

小米创立之初，雷军的理念就非常清晰，小米要做极致手机，"极致就是做到你能做得最好，就是做到别人达不到的高度。极致就是要做到别人看不到的东西，也做得非常好"。在这种理念下，不管是 CPU，还是触摸屏，小米整个手机硬件的供应商找的都是业内顶级的，为了达到这一点，新生的小米费了不少周折。"极致就是把自己逼疯，把别人逼死"，雷军坚持这么做了，让用户尖叫的低价高品质产品推出后，小米没疯，别人倒是真的被逼死了。

- 口碑 -

口碑是什么？雷军认为口碑的核心不在于好产品，也不在于便宜的产品，而在于超预期的产品，口碑的真谛就是超越用户的期望值。

"如果你在一个咖啡厅用苹果手机打开浏览器，在那么小的屏幕输账号密码，你不会很痛苦吗？当你跟服务员要密码的时候，第一次要的不对，还要第二次的时候，你掏出小米手机，它自动问你是不是连接，你说是，自然就连上去了。"雷军认为，这就是超越用户的预期，就能产生口碑。

2012 年 8 月，在小米 2 手机的发布会上，雷军把"超越用户的期望"进行了一次华丽的演示。首先，雷军指出，M2 采用的 CPU 是 APQ8064 1.5GHz，这款处理器是高通公司的高端产品骁龙 S4 系列之一，它的性能在这个系列中是独占鳌头的，也就是说，M2 拥有一颗强大的心脏。然后，雷军公布了一系列参数，800 万像素的后置摄像头，200 万像素的前置摄像头，强大的图形处理功能，IPS 超高 PPI 精度视网膜屏，每一个数字都彰显着 M2 的强大。

在粉丝们都在猜测这样一款高性能手机要多少钱，是 2500 元还是 3000 元的时候，雷军宣布，M2 市价 1999 元，全场粉丝顿时为之沸腾，大家都认定它是名副其实的"性价比之王"。虽然后来业内关于小米"性价比"有很多争议，但是，小米在第一时间抓住了用户的心是毋庸置疑的。

- 快 -

雷军说，如何在确保安全的情况下提速，是所有互联网企业最关键的问题。"天下武功，唯快不破"，快了以后能掩盖很多问题，企业在快速发展的时候往往风险是最小的，而当速度一旦慢下来，所有的问题就都暴露出来了。

在"快"的理念下，小米创业之初，坚持用电子商务的模式做销售，而不涉足尾大不掉的分销、专卖渠道，真正做到扁平化。一方面，保证与用户的直接沟通；另一方面，实现了销售情况的及时反馈。

对小米来说，快速还需要体现在对用户服务的反应上。用户提出的意见被小米采纳后，只需要一个星期，就能体现在 MIUI 系统的更新中，这在传统手机企业是想都不敢想的。小米一直坚持每个星期更新一次系统，它用这个效率与用户沟通，树立口碑，同时给自己施压，强迫小米能快一点，更快一点运转起来。

· 经营智慧 ·

优秀的公司赚利润，伟大的公司赢人心

雷军曾特意拜访马云，向他请教经营智慧，在一次拜访中，雷军从自己的角度，针对阿里巴巴成功的最关键要素做了如下总结：

第一点，选择一个巨大的市场。其实任何一个公司要想取得巨大的成功，就必须基于一个巨大的市场。如果没有一个巨大的市场需求，你要想把公司做成世界级的公司是不可能的。第二点，要找一群超级靠谱的人。马云就拥有这样一群既有能耐且撵不走的人。第三点，相对于同行而言，你要有一笔永远都花不完的钱。

创办小米时，雷军特意选择了一个有无限可能的市场，做了两年的投资者，他也不缺钱，他最欠缺的就是有能耐又撵都撵不走的人。

"当我决定做手机的时候，我见了100多个人，才找到光平博士。"雷军介绍，在创立之初，为了找到最棒的团队，他曾经费了不少周折，"一开始，我找软件公司圈子里的，这个行业大家都熟悉我，很快找得到，但是硬件公司的人一个也找不来。那时候我每天见很多人，我跟每一个人介绍我是谁谁谁，我做了什么事情，我想找什么人，能不能给我一个机会见面谈谈。几乎来小米的每个同事我都打过电话，每天面试，恨不得从早上谈到第二天凌晨一两点。"

雷军曾不止一次在公开场合表示自己在创业初期80%的时间都拿来招人，并且小米成立后的前100名员工在入职时都与他面对面沟通过。小米手机硬件结构工程负责人第一次面试是在雷军办公室，从中午1点开始一直聊到晚上11点多，几个合伙人轮流和他交流，最后他终于答应加盟小米。过后他自己半开玩笑说："赶紧答应下来，不是那时有多激动，而是体力不支了。"

一开始雷军每天都在担心小米的未来，创业团队建立起来之后，雷军心里踏实了，他对小米充满了信心，怎样才有可能产生一家像苹果那样的公司呢？如果能把谷歌、摩托罗拉和微软合并了，那就一定有戏。

随着小米的发展，业内更多人才前赴后继地汇集过来。据统计，小米有一半以上的人来自谷歌、微软和金山，他们的平均年龄是 32 岁，也就是本科毕业 10 年或研究生毕业 7 年的人才，他们个个都是有经验又依然保持着冲劲的人。

那么，雷军是如何吸引到这些人才的呢？

雷军从三个方面下手，一是为人才搭建实现理想的舞台，二是为人才提供自由发挥的空间，三是为人才提供有竞争力的报酬。

小米的组织架构没有层级，基本上是三级：七个核心创始人部门——领导——员工。而且不会让团队太大，稍微大一点就拆分成小团队。除了七个创始人有职位，其他人都是工程师，没有职位，他们晋升的唯一奖励就是涨薪。这种扁平的组织架构，既能解放人才，让人才自由发挥，又能让人才不需要考虑太多杂事和杂念，一心放在做事上。

作为有很大增长空间的初创企业，舞台和空间是不缺的，有竞争力的报酬是不是就意味着太多的资金投入，会不会对初创企业造成负担呢？在这点上，雷军很敢于创新，他为人才提供了可选择的报酬，"我们邀请任何人加入的时候会给三个选择条件，他们可以随便选择。第一，你可以选择和跨国公司一样的报酬；第二，你可以选择 2/3 的报酬，然后拿一部分股票；第三，你可以选择 1/3 的报酬，然后拿更多的股票。"

雷军介绍，分别有 10% 的人选择了第一和第三种工资形式，有 80% 的人选择了第二种工资形式，2/3 的报酬也是不低的数字，足够他们照顾生活，因为持有股票，他们非常乐意与创业公司一起奋斗、一起成长。

在小米内部没有设置 KPI 考核制度，因为雷军认为 KPI 考核带来的晋升制度会让员工为了晋升做事情，从而导致价值的扭曲，为了创新而创新，不一定是为用户创新，严重的话甚至会引来内部的恶性竞争。小米在公司内部强调责任感，即每个人都要对用户负责。这样会使员工之间有共同的价值观，从而利于协同合作，提升效率。

工作氛围是一个看不到摸不着的东西，但它却是影响个人及团队行为方式的标准、价值观、期望、政策和过程的混合体。在消极、不思进取的团队氛围中，再伟大的人才也只能被埋没，更别说团队的发展了。而一个积极的团队气氛会对整个团队产生诸多正面的影响。对此，雷军提出了"快乐文化"，为小米上下打造快乐的工作氛围。雷军说："光发高工资，也不能快乐起来，关键是怎么轻松地做事情。要用一颗快乐（享受快乐、快乐的事、快乐的人）的心，快乐自己，快乐他人，快乐客户。"

其实，有了在金山长达 16 年"不堪承受之重"的艰苦经历，雷军对快乐文化的追求，比谁都发自肺腑。小米公司定期举办一些球赛，不定期举办联欢活动，在玩的方面，不吝投资，从"苦日子"过来的雷军，就是要让大家玩得尽兴。他深深知道，只有拥有愉悦的上班心情，员工的工作效率才有保证，而且人在愉悦的状态下，往往会激发出意想不到的灵感。他经常"赶着"小米状态不好的程序员和创意人员赶紧玩起来。

企业文化总是受企业家个人的影响，当企业家个人发生改变的时候，企业的文化也会跟着改变。从低调的疯狂 IT 人到会作秀、追求生活品质的 CEO，雷军人生状态的调整，给小米带来了"福音"——快乐文化，而小米的快乐文化，带来的是企业的高效率和高凝聚力。

· 企业文化 ·

把用户当朋友而非上帝

小米有一点非常让人津津乐道，那就是从默默无闻到家喻户晓，小米在营销推广上几乎是"零投入"。它靠的是什么？靠的是强大的米粉。

雷军是个手机控，据说在他的办公室里有一个保险柜，里面放着 60 多部手机，在创业之初，他出门都带着七八部手机，跟人讲起手机性能来，他会一下子掏出来摆满桌子，然后再一个个进行分析。在他的影响下，一开始，小米的品牌宣言是"为发烧而生"，它的定位是一款高性能发烧友爱好者的手机，雷军把小米的目标人群聚焦为"发烧友"。这些发烧友大多是技术和创业爱好者，他们对程序员出身，并且有连环创业经历的雷军极其崇拜，成了小米的第一批米粉。

在推广 MIUI 业务的时候，雷军给黎万强出了一个难题：不花一分钱做到 100 万用户。于是，无奈的黎万强开始带领团队泡论坛、灌水、发帖子。没想到，黎万强最初选中的作为超级用户的 100 个人，不仅参与 MIUI 的设计、研发、反馈，还成为 MIUI 操作系统的"星星之火"。MIUI 最初的研发是放在互联网上，敞开门请用户一起参与研发。当时小米每周更新四五十个、甚至上百个功能，其中三分之一是由米粉提供的。这样做的难度系数很高，为了保证每周更新，必须保证两天内完成规划、两天写代码、两天做测试，可雷军硬是坚持下来了，他希望将 MIUI 做成一个"活的系统"，用户的需求都可以随时渗入进来。

雷军说："手机是每个人的亲密伙伴，我们和它在一起的时间超过任何其他东西。难道乔布斯说这个东西要这样用，要那样用，我们的习惯就和他一样？不是的，我觉得手机将来会是一种个性化的东西，我们每个人都可以去'养成'自己的手机，这就是在用互联网的思想制造手机。"对用户而言，小米是他们的，他们参与过就有了拥有感，有了一种荣誉感，他们会乐于与好友们分享小米的消息，小米的粉丝规模迅速扩大。2010 年，MIUI 论坛的注册用户已经超过了 100 万，用户覆盖全球数十个国家，他们是小米手机的第一批粉丝。自此之后，小米坚定了自己的粉丝路线。

雷军说："1 个高度满意的用户，能给你带来 10 个用户，1 个无比忠诚的用户，最少能给你带来 100 个用户。"那么，如何把用户转化成忠诚用户呢？雷军的解决办法是不把用户当成数字，而是当成朋友。

雷军对小米的定位是做一家小餐馆，他说："如果能让顾客常常说'老雷给留个座'，这就是最大的幸福。"雷军所谓的小餐馆主要是强调小米与用户的关系，相对于大餐馆，小餐馆的顾客一般都是老顾客，顾客与餐馆人员之间的关系比较亲近，从收银员到服务员到厨师，顾客都能叫出名字，而对于顾客的喜好，甚至家庭情况，小餐馆都可能会很了解。小米客服工作的宗旨是：提升服务质量和米粉交朋友，口号是：我要这样持续地、专注地、热情地、认真地、微笑地为你服务，亲爱的米粉，你是我挚爱的朋友。对于电子商务企业来说，客服是直接与用户沟通的途径，直接决定着企业的服务质量和对外的品牌形象，因此，雷军极其重视小米的客服环节。

雷军本人就是小米的"头号客服"，"我一周上6天班，其中有5天是在小米。我每天都要登录小米论坛和我的微博，上面有许多网友甚至是米粉的留言，我对这些意见特别关注。有些好的意见，我会和同事们商量予以应对。"用户有很多关于产品功能的好的建议，就是这样通过雷军这个"头号客服"及时得以体现。

除雷军外，小米创业团队的主要成员每天都要花两三个小时泡在论坛上和用户沟通、发掘需求。而小米所有工程师也被鼓励借用论坛、微博和QQ等渠道和用户直接沟通。在这种模式下，小米的"宅男"工程师都能近距离地感知用户的喜怒哀乐，为粉丝写程序，而不是为小米公司，不是为雷军，这种观念上的改变让他们拿出来的东西更能打动人心。

以雷军为首的小米团队无时无刻不在思考用户的体验，这让很多米粉有惺惺相惜的感觉。有一次，雷军发布了一条微博："滑雪时有朋友丢了一部手机，一下子觉得这两个功能越来越重要了：寻找手机位置、远程删除所有数据。主要原因是今天的智能手机更像电脑，除了通讯录和短信外，还有邮件和各个网络服务密码等等私人数据。"很快就有人跟帖："雷总，我都掉了两部了，解决一下掉手机的问题呗！"很快，小米增加了定位找回功能。

小米投入了很多精力关注用户的需求，这样会不会得不偿失呢？雷军说，"一切以用户为中心，其他一切纷至沓来，就是说你真的把用户服务好了，其他所有的东西你都能获得。讲得再通俗一点，你的用户真的满意了，你的公司的营业额、利润、市场占有率就什么都有了，所以想问题一定要想得简单、纯粹。"

小米的创业走的是群众路线：依靠群众，相信群众，从群众中来，到群众中去。现在，用户已经深入到了小米的调研、产品开发、测试、传播、营销、公关等多个环节。正如雷军所说"因为米粉，所以小米"，小米通过塑造自己的粉丝文化，让每一个粉丝成为产品的代言人，去宣传小米，维护小米的品牌荣誉，米粉真正成就了小米。

· 领袖魅力 ·

身先士卒的"劳模"

在企业界，能够做到依靠个人魅力吸引员工的领导人，简直是凤毛麟角，而雷军绝对算得上一个，他自身有一种偶像光环，吸引了不少倾心相随的粉丝。

18 岁的雷军，拿着能上清华、北大的成绩进入了武汉大学计算机系。为了取得更好的学习成绩，他戒掉了午睡的习惯，把时间分割，以半小时为单位，为自己制订好每半小时的学习计划。通过这样的努力，雷军用两年读完别人 4 年才能读完的课程，并包揽学校几乎所有的奖学金。

写程序是枯燥、疲惫的，可雷军却觉得，那是一个辽阔、奇妙的世界，程序员可以掌控细微到每一个字节、每一个比特位的东西，精雕细琢，如同一座座宫殿，那种喜悦和成就感，局外人无法体会。雷军将程序当成艺术品，极其认真地对待。22 岁的时候，雷军将自己写程序的心得写入《深入 DOS 编程》和《深入 Windows 编程》两本书籍中，这两本书成了程序员争相阅读的红宝书，雷军也因此成为很多程序员心中的偶像。

1992 年，雷军以一个程序员的身份加盟金山，他开启了没有周末、每天工作超过 16 小时的高负荷工作状态，并光荣地得到了"IT 劳模"的称号。在这个过程中，雷军的领导风格逐渐成形。

第一，不断提升自己。

雷军加入金山的第二年，就因为卓越的研发实力，很快从程序员提拔为总经理。为了能够称职地带领团队，雷军主动修齐了自己的营销短板。一直闭门研发的他，一有机会就去一线跑市场。原本不懂营销的他用自己的高度热情感染了每一个金山人。当然，在这个过程中，雷军也确实积累了很多营销经验，后来小米的营销成功，与此不无关联。关于这段经历，雷军事后道出了自己的管理经验：学会难得糊涂，让眼里能揉得进沙子。

第二，身先士卒。

2003 年 5 月，金山终于抓住了一根救命稻草——8000 万元孤注一掷投入网络游戏。进入完全陌生的领域，大家起初都有点发懵。但是雷军依然充满激情，集中了一批骨干风风火火地干了起来，公司上下包括司机、前台都玩起了游戏。好几个月，雷军基本上都是白天工作，晚上通宵玩游戏，亲自测试产品质量。对这段时间的经历，雷军说："我们团队很多人都是一天睡不了几个小时，我也几乎没有休息的时间。我们大多是凌晨 3 点下班回家，早上 8 点开会，连续几个月睡眠不足，但我们都很快乐，我们享受这种生活。"

无数管理实践告诉我们，管理者的顽强意志与人格魅力会给下属信心、勇气和力量，会直接影响他们工作的方向。雷军对待工作的高度热情深深地感染着身边的每一个人，在他的带动下，金山团队逐渐从不熟悉网络游戏到开始熟悉，然后到精通，他们成功实现了突围，在网络游戏领域中抢占了一席之地。

有媒体评价金山"一个疯子带着一群疯子"。雷军也经常自嘲说："我是以勤学苦干出了名的，行业里对我最多的美誉就是'IT 劳模'。"因为雷军的事必躬亲，下面的工作人员压力很大，他们以雷军为目标不停地奔跑，这股劲挽救了金山，雷军也成了无数人为之奋斗的偶像。

谈起创立小米的初衷，雷军又端出了一大碗鸡汤："在中国这个土壤上，我们能不能像乔布斯一样，办一家世界一流的公司？我觉得只有这样你才无愧于你的人生，才会使你自己觉得人生是有价值、有意义、有追求的。"正是因为有着梦想的激励，当时拿着钱袋子四处找投资的雷军早已实现了财务自由，可他创办小米之后，依旧拼命工作，用他的话说是"连睡觉都觉得浪费"。雷军曾在中央电视台《遇见大咖》节目中自曝 3 分钟吃一顿饭，一天开 11 个会，每天工作 16 小时。经常有小米员工爆料加班到深夜两点时还能看到雷军的身影。在雷军这种以身作则的影响下，虽然小米内部没有打卡制度，但小米的员工往往"朝十晚十"，战斗力极强。

雷军用一步步的行动诠释了这句话：努力可以改变命运。他也因此取得了非凡的成就，而在私下里，雷军就像我们身边的朋友一样，没有高高在上，更没有不可侵犯，他非常的朴素、接地气。

"雷军不是个冷冰冰的人"，无论是和他走得近的朋友，还是他的员工，都做过类似的评价。雷军的助理曾经爆料，他吃东西一点都不挑剔，助理给他点什么吃什么，沙县小吃和汉堡这些普通上班族吃的快餐，雷军几乎每天都在吃。雷军很少把时间浪费在吃和穿上。他的朴素穿着和随意搭配，大家有目共睹。和其他总裁级人物相比，雷军总是显得很亲民，这也是他能成为"网红总裁"的原因所在。

一边是金光闪闪的成绩，一边是普通的生活，这种反差，让雷军更具魅力。

· 商业真经 ·

雷军经典语录

1. 创业要大成，一定要找到能让猪飞上天的台风口。勤奋、努力加坚持，等等，这些只是成功的必要条件，最关键的是在对的时候做对的事情。

2. 天下武功，唯快不破。互联网竞争的利器就是快。

3. 创业 10 条：能洞察用户需求对市场极其敏感；志存高远并脚踏实地；最好是两三个优势互补的人一起创业；一定要有技术过硬并能带队伍的技术带头人；低成本情况下的快速扩张能力；有创业成功经验的人加分；做最肥的市场；选择最佳的时间点；专注、专注再专注；业务在小规模下被验证。

4. 商业上的成功最重要的就是像毛主席讲的，把朋友弄得多多的，敌人弄得少少的。

5. 创新就是做别人没有做过的事情。但创新的风险很大，绝大部分创新最后都是失败。所以，我认为，创新的本质是不惧失败的勇气！创新还需要一个大环境：全社会理解失败者，宽容失败者。

6. 创新为什么这么少，因为我们社会缺少包容失败的氛围。很多大的创新，也是从一两个小的点子开始的。

7. 什么是成功？每个人眼里的成功都不一样。我认为，成功不是别人觉得你成功就是成功，成功是一种内心深处的自我感受。我不认为自己是成功者，也不认为自己是失败者，我只是在追求内心的一些东西，在路上！

8. 很多创业者想轻轻松松成功，如果你想过很舒服的日子，最好不要创业。可以找一个大公司，收入比较稳定，过着非常体面的生活，就挺好的。

9. 任何成功，勤奋和努力是必要条件，如果没有一个最低 6×12 小时的勤奋和努力，为什么你会成功呢？如果你想干 5×8 小时就成功，别人比你工作时间长 50%，聪明程度一样，人家比你一倍努力，这就应了中国的古话：天道酬勤。

10. 创业三原则：第一，热爱你所做的事；第二，做事情的时候要挑选足够大的池塘、足够大的事；第三，勤奋和努力是必要条件。

11. 从小开始，每个老师都会用爱迪生的这句话教导我们好好学习，爱迪生确实说过"天才那就是 1% 的灵感加上 99% 的汗水"这句话。但是，老师偏偏每次都漏掉爱迪生后面最关键的话："但那 1% 的灵感是最重要的，甚至比那 99% 的汗水都要重要"。勤奋和努力只是成功的必要条件，运气很关键！

12. 如果需要帮忙，创业者来找我，我会竭尽全力，尽管我的能力和精力非常有限；如果不需要帮忙，我不会给创业者找任何麻烦，做一个安静的股东。公司是创业者的，他们是英雄和明星，是主角，我是啦啦队队员。

13. 董事长该干啥？主要有三点：什么时间点做什么样的事情，这决定了公司的方向和战略；用什么样的人来干这件事情，寻找德才兼备的人不容易；怎么让人有动力愿意打仗，怎么样能够把事情做成。坐好这个位置，最重要的是看人看事的眼光，是经验、阅历和胸怀。

14. 我18岁的时候就是乔粉，我从来没有奢望过自己能成为乔爷第二，小米也绝对成不了苹果，因为乔爷是神，是我们顶礼膜拜的偶像，极简完美设计是我们无法企及的高度。小米努力的方向是"易上手，难精通"，全力设计高品质高性能的发烧手机。有一群发烧友喜欢就足够。

15. 创业就是干别人没有干过的事情，干别人干过了但没有干成的事情。一个非常优秀的创业者往往都是离经叛道的、那种很夸张的人。他有挑战一切的勇气，这是需要鼓励的品质。所以我鼓励创业者要能够挑战权威，颠覆现有规则，这才是成功的经验。

16. 腾讯已经成就了一代霸业，马化腾已经成为这个时代的霸主。但强大如罗马帝国、强大如大秦王朝，都有衰落的一天，这是自然规律。长江后浪推前浪，前浪死在沙滩上，这就是人类社会进步的动力。关键点在腾讯会因为什么原因、会在什么时候衰落，这值得我们大家琢磨！这就是我们创业的机会。

17. 我想，我们只有来一次自我的革命，才能实现凤凰涅槃；我们只有打烂所有的坛坛罐罐，才会重新变得强大起来。现在，不仅仅需要各位有勇气、有信心，我们还需要有策略。

18. 商业上的成功最重要的就是像毛主席讲的，把朋友弄得多多的，敌人弄得少少的。过去几年我一直提醒自己，人若无名便可专心练剑，所以尽可能不参加会议，认认真真做东西。对我们这么小的公司来说最重要的是广泛结盟，以开放心态来合作。

19. 我们一定要办一个轻轻松松的公司。顺势而为，登到山顶看到风景很漂亮，将山顶上的石头往下踢，这是小米要做的事情，如果小米是把一个一千公斤的石头运到山顶上，那一定没有现在的精神面貌。

20. 这个时代真的不需要变化吗？现在连操作系统都在变，行业远没有得到充分竞争。我相信乔布斯发明了新手机时代，但还有很多新的东西会出现。

21. 大家认为对互联网行业来说，40岁已经老了，应该要退休了，还折腾什么。但是我特意查了一下，敬爱的柳传志是40岁创业的，任正非是43岁，我觉得我40岁重新开始也没有什么大不了的，我坚信人因梦想而伟大，只要我有这么一个梦想，我就此生无憾。

22. 不少创业者抱怨找不到人。其实，无论什么样的企业，找优秀的人都很困难。解决这个问题只有两种办法：第一，花足够的时间找人，至少70%；第二，把现有的产品和业务做好，展示未来的发展空间和机会，筑巢引凤！

23. 作为领导者你一定要把你所关注的事情的每个细节拎出来，或者在你的队伍中形成这种文化，你的事情才能做得好。用柳传志的话说就是比谁夯得实，夯实了哪怕晚走半步也能赢。

24. 管七八个人的关键是带头干。管二三十人的关键是走着干，早上问问今天的任务，下班的时候看看完成情况。管七八十人的关键是找几个能管二三十人的部门经理。

25. 某手机品牌一年投放广告费是20亿元人民币，我就在想，我们为什么不把这20亿元人民币还给用户呢？当我们满大街打一个广告，把两三百元钱的手机卖到两三千元钱的时候，那不是一种保健品吗？这是不会长久的，在今天社交化媒体如此发达的时候，还有什么东西比口碑重要呢？

26. 用户首先需要好产品，其次才是便宜的产品。

27. 我们在做每一个产品的时候都是先寻找一个有很大用户需求的点，一点点地扩张开来，一点点做这点是大家很重视的。实际上互联网企业都是一点点长起来的，腾讯、百度这样的企业都是一点点长起来的，所以单点切入是互联网很重要的一个原则。

28. 每个项目投资之前，我要叮嘱创始人两点：一、我不要投票权，100%支持你，只要不做假账不违法、公司不翻船；二、我会给你很多建议，但这仅仅是建议，你要有自己独立的观点，假如按我说的做，对了，是你的功劳，错了，也是你的责任。

29. 二十多年前，我看了一本关于史蒂夫·乔布斯的传记，就梦想创办一家世界级的公司。虽然目前离这个目标非常遥远，但我一直有一个自信：毕竟我比乔布斯小15岁，我还有机会！一本书、一个人的影响，改变了我一辈子。

30. 什么是成功？每个人眼里的成功都不一样。我认为，成功不是别人觉得你成功就是成功，成功是一种内心深处的自我感受。我不认为自己是成功者，也不认为自己是失败者，我只是在追求内心的一些东西，在路上！

成杰智慧评语

在当今"大众创业，万众创新"的社会氛围中，社会各界一直认为，中国的第四次创业潮来临了，并且这次创业浪潮有着中国近 10 年来最好的创业环境。创业的黄金时代来了，是不是谁都可以成为弄潮儿呢？据统计，目前，中国创业的失败率高达 90% 以上。那么，哪些人适合创业，哪些人不适合创业呢？雷军身上有着几点非常明显的创业成功者的素质，能为创业者提供一些参考。

- 人因梦想而伟大 -

创业过程中，创业者要面对的痛苦比起收获的喜悦和成就感要多太多，而梦想能支撑人们走得更远。

雷军常常提及影响自己一生的书《硅谷之火》。这本书，讲述了比尔·盖茨、史蒂夫·乔布斯等硅谷奇人早年的创业故事。大学时代的雷军偶然看了这本书，之后的好几个晚上，他都失眠了，他在武汉大学的操场上沿着 400 米跑道走了一圈又一圈，走了好几个通宵，一直在想，怎么能塑造与众不同的人生。自此，他确立了一个梦想：像乔布斯一样，办一家世界一流的公司，如此，才无愧于人生。

正是这个梦想，让雷军有足够的勇气和信心参与了金山的创办，并且坚持 16 年，直至金山成功上市；也正是这个梦想，让雷军在金山最辉煌的时候离开了。

雷军在接受采访时说过："我40岁前已经干了不少事，卖了卓越，把金山搞上市了，天使投资做了不少，也都不错，但我却在40岁的时候迷茫了。因为我18岁的理想一直没有实现，觉得心里不踏实。"

在雷军的意识深处，给人打工、为人投资更像是帮助他人，唯有创办自己说了算的事业，才能让自己更加快乐和无憾。在小米尚无前景可言的时候，雷军就当众发誓：一定要成为世界500强。"这是我这辈子干的最后一件事情，如果干砸了这辈子就踏实了。"这种孤注一掷的投入，让小米有了一个全新的开端。

- 吃得了苦，受得了委屈 -

在与众多企业家接触的过程中，我发现了一个现象：每一个真正有大成就的人，都是从苦难中走出来的。生命的伟大在于历经苦难，苦难是一种财富，它比幸福更难忘怀。一个没有经过苦难的人，要想成功，要想有所成就，几乎不可能。正因为如此，创业需要面临精神和肉体的双重考验，挺过来的才是最后的王者。雷军在金山时代，加班加点、全心投入，却屡屡碰壁、处处受挫，这为他积蓄了足够的抗挫折能力。后来，创办小米，他备受指责，每天都要面对各种辱骂和斥责声，但是，他都一一挺过来了。

- 具有远见卓识 -

创业者都有一种本领，那就是能看见别人看不见的东西，能看到大势，跟对形势。对此，雷军深有感触："小时候以为，聪明加勤奋，天下无敌。于是夏练三伏，冬练三九，20多年过去了，修成'IT劳模'。一日梦醒，才明白，人生的牌桌只和了两把屁胡。愧对江东父老，甚憾！要想大成，光靠勤奋和努力是远远不够的。"

后来从金山"出走"，做天使投资人，雷军富有前瞻性地看到移动互联网的未来，果断选择进军移动互联网行业，小米科技应势而生。一开始，很多人对雷军的选择表示不解，一些业内人士好心劝他："干这行当作什么？我们都恨不得跳出去转行干了，你放着好好的软件行业不做，来趟这浑水干吗？"而雷军却很坚持自己的选择，移动互联网的机会是每个有理想的 IT 人都不应该错过的。小米成立之后的黑马效应和一路高歌，实实在在地证明了雷军选择的正确性。

第 3 章

柳传志

重点提示

创业故事：柳传志曾经拿着板砖去追账

商业模式：吃着碗里的，看着锅里的

竞争理念：成为长手指，补齐木桶短板

经营智慧：搭班子、定战略、带队伍

企业文化：说到做到的"5P 文化"

领袖魅力：从飞行员到"柳传奇"

商业真经：柳传志经典语录

成杰智慧评语

· 创业故事 ·

柳传志曾经拿着板砖去追账

如今，只要深夜电话铃响，柳传志就会立刻心跳加速，接着彻夜难眠。睡不着，他也不抽烟打发时间。

柳传志40岁以前是个大烟鬼，怎么戒也戒不掉，他决心创业的时候，说戒烟就戒了。

在回忆当年创业艰难时，柳传志说，有三件事情最为不易："第一不容易跟环境去磨合。不要说改造环境，就说去适应环境，真的要受很多委屈。第二个不容易，是同事之间的同心协力。第三个不容易就是我自己的身体，这个困扰非常之大。"

他说的"身体的困扰"发生在1987年春夏之交的三个月里，开始是头晕，接着便失眠，日夜睡不着觉，好不容易睡着了又突然惊醒，满心恐惧，心跳不止。有一段时间他觉得自己已经无法支撑，不得不提出辞职，住进海军医院。医生诊断他为神经系统紊乱，也许是美尼尔综合征的前兆，却无法解释病因。其实柳传志自己最清楚：这是被300万元吓出来的毛病。

1984年10月17日，在北京中关村中科院计算所不到20平方米的小平房（实际上是中科院当时的传达室）内，联想诞生了，当时的名字是"中国科学院计算技术研究所新技术发展公司"。一开始，柳传志并不是一把手。公司第一任总经理是王树和，柳传志和张祖祥是副总经理。1986年7月，王树和抽身而去，当了所长助理，柳传志才升为总经理。

后来柳传志坦诚创业动机，是因为"憋得不行"，"我们这个年龄的人，大学毕业正赶上'文化大革命'，有精力不知道干什么好，想做什么都做不了，心里非常愤懑。突然来了个机会，特别想做事。"

柳传志说的"突然来了个机会"，是改革开放总设计师邓小平赐予的。1984年被称作中国"改革开放元年"。1984年1月29日，邓小平悄然南下，到珠江三角洲。这次南行后，邓小平对改革开放的态度明确而坚定，8个月后，十二届三中全会召开，确立以公有制为基础的有计划的商品经济。

这一年，中国迎来了新一代创业潮。创业一年后当了总经理的柳传志完全没有兴奋，中科院投资了20万元人民币作为启动资金，第一个月一个大意就被人卷走了14万元。骗子骗柳传志说他们有一批便宜的彩电。结果钱汇过去了，彩电就没了，人也消失了。

执掌公司后，柳传志面临的首要任务是解决一群人的工资问题。

当时做生意是要批文的，中关村一条街上多数公司都是在搞批文，买卖彩电和买卖电脑。比联想成立较早的"两通两海"（四通公司、信通公司、京海公司、科海公司），已经摸到门道了，而柳传志还完全不知道靠什么商业模式吃饭。

公司门口挂着"中国科学院计算技术研究所新技术发展公司"的招牌，可一开始柳传志他们所做的却和"新技术"毫无关系。为了养活公司，柳传志和同事每天在中关村摆摊，倒卖冰箱、电子表、旱冰鞋甚至运动裤衩。倒卖的产品，是从深圳进的货。柳传志第一次去深圳进货，1000元钱"巨款"是缝在裤子里的，到深圳排队买货的时候，掏都掏不出来，柳传志只好跑到一个没人的角落，把裤子脱下来。

然而倒卖生意也并不顺利。在苦闷和彷徨中，他们得知了倪光南发明的汉卡系统，在柳传志三顾茅庐之下，倪光南加入团队。当时，身为计算所研究员的倪光南，已经是位一流的计算机专家，在中科院和电子界的呼声甚高。许多知名企业以高薪诚聘倪光南，均被倪光南一一谢绝。当柳传志伸出橄榄枝后，倪光南却没犹豫就接受了。倪光南将汉卡技术带入公司，柳传志和联想暂时度过了危机。

柳传志很快将目光瞄准了进口微机，他认为把进口微机插上汉卡一同卖，利润会增加不少。这个想法得到科学院18位领导的签名认可，联想拿到了300万元借款。柳传志急忙把钱汇到深圳，却发现掉入了一个深坑。一个又一个电话打去，才知道300万元被一个潮州人拐走了。柳传志立刻坐飞机直奔深圳。到了深圳，已经是半夜，他顾不上找宾馆，直扑联络人的家。家里没人，柳传志就守在门口，直到天亮。

"老实说，当时拿砖头拍他脑袋的心都有！"柳传志后来回忆说。幸运的是，在柳传志的追讨下，几天之后那人终于出现了。钱总算要回来了，但柳传志却从此落下了病根。20世纪80年代，300万元确实是一笔大数目。

柳传志在创业过程中经历了很多现在人想象不到的困难，被骗的经历很多，慢慢地才不上当。

受够了无节操中间商的差价之苦，柳传志开始自己做代理，联想代理的AST PC，曾经一个月销售好几百台。但柳传志毕竟是到了不惑之年的人，不甘愿一直这样赚差价。在做代理的过程中，柳传志萌生了创建自有品牌的念头。1988年4月1日，联想这个名字正式出现，不过是在香港成立的合资公司。因为没拿到政府的计算机批文，柳传志不得不将工厂开到香港。

香港联想的成立，不仅仅是一个子公司的开张，更是一次对原有商业模式的颠覆。

联想早期走的是"贸工技"路径，即先学"贸"，再去办工厂，做"工"，再来搞研发，做"技"。香港联想成立后，开始走"技工贸"路径，反过来了，更贴近柳传志的创业初心了。

"公司为什么叫联想？就是那个敲中文，电脑有一个联想功能，后来我们就叫联想了。"柳传志道出联想名字的来历。

香港联想最先开始同内地联想一样从贸易下手，慢慢积累资金，然后用做代理业务挣的钱开了一个小作坊，生产电脑主机板并到外国去参加展览。后来香港房地产涨价，柳传志把工厂搬到了深圳，当时的海关人员给了联想很不公正的待遇，只要联想送货的车一到，海关的人就出来查，查完了以后就要重新排队，后来柳传志就下决心将工厂迁到了惠州。

香港公司创立一年，就遇到严重亏损。由于缺乏经验，产品质量不好，致使资金积压，100万美元贷款"亏得快没有骨头了"。

1990年，在水深火热之际，天降好运，联想突然获得机电部批准，可以生产自销联想系列微机。据说，机电部的领导去参加海外展览会时发现竟然有个摊位是中国内地人开的，后来找到柳传志给了批文。"曲线救国"终获成功，联想推出了第一批自有品牌电脑。

这年5月，联想将200台"联想286"送到全国展览会上，一炮打响。一个星期以后进军北京计算机交易会，拿到1000多万元的订单。在220家参展的计算机企业中成为最大的赢家。1991年春天，名不见经传的联想一下子成为业界瞩目的焦点，联想终于火了。

回过头来看看，这一次柳传志的时来运转真的是偶然吗？

邓小平1984年第一次南行之后，中国市场经济的道路并没有一跃千里。事实上，从1988年9月至1989年8月，由于政策的侧重点在多管齐下压需求、整秩序，导致中国经济开始降温。为遏制通货膨胀，稳定经济形势，中央压缩信贷规模，清理固定资产投资，严格限制总供给的增加，限制物价水平。这种大幅度减少总需求的措施，使得中国经济在1990年严重疲软。在混沌的迷雾之中，邓小平开始酝酿第二次南行。在著名的南方谈话发表之前，其实一些政策已经惠及于民。

就电脑行业来说，1990年，国家为了保护电脑行业和民族品牌，对国外大电脑公司的进口机器通过进口批文和高关税的方法挡在外面，扛起民族大旗的联想得到了大力支持。

1994年2月14日，香港联想招股上市。1996年3月15日，联想率先发动了电脑价格战，把昂贵的电脑拉至万元以下，首次击败惠普、戴尔、康柏和IBM等，位居国内电脑市场占有率第一。1997年，北京联想与香港联想合并，柳传志出任联想集团主席。2004年，联想上演蛇吞象，收购IBM的个人电脑业务，享誉国际。2008年，联想首次入围《财富》杂志评选的世界500强。

"创业态度上，我相信一句话：困难无其数，从来不动摇。"柳传志所言非虚。创业就是一个不断战胜困难的过程，熬过前面的黑暗，就会迎来后面的曙光。

· 商业模式 ·

吃着碗里的，看着锅里的

2004 年联想收购 IBM，激起千层浪，这被外人视作联想最大的成功。在很多人的期望中，联想接下去应该把电脑这个"牢底"坐穿。

然而，柳传志并不这么想，他从不满足于一个联想，他想要的是多元化发展。在他的版图规划中"要多造几个联想"，杨元庆掌舵的联想集团是第一个联想，郭为的神州数码是第二个联想，朱立男的君联资本是第三个联想。无数个联想，构成一个联想控股，而柳传志要做的是联想控股的幕后操纵者。

值得一提的是，联想的多元化始于房地产。2016 年 9 月 18 日，融创以 138 亿元整体收购联想地产业务。如果不是这一消息上新闻，可能很多人还不知道联想做过房地产。

香港联想 1988 年成立的时候，正赶上香港楼市大牛市，柳传志见证了那个时期香港地产的疯狂。当时香港联想一年的营业利润，不及彼时新鸿基地产旗下楼盘灏景湾一栋楼中一层的价格。目睹这一切，柳传志不可能无动于衷。当时内地的房地产还没有开放，柳传志争取高层的支持，拟百万美元投资美国房地产，因为和倪光南的分歧而搁置了。

倪光南事件之后，柳传志开始进军房地产业，1994 年，联想南下，在广东惠阳拿下大块土地，进行联想科技园大亚湾园区的建设，积累了最初的房地产开发经验。1998 年，国家正式推行全面的住房制度改革，商品房时代来临。联想趁机拿到了中科院计算所 8 万平方米（折合 120 亩）科研用地，修建了融科咨询中心 A 座和 C 座，正式步入商业地产开发。2001 年 6 月 11 日，由联想全资控股的融科智地房地产公司正式在北京市海淀区工商局注册成立，法人代表是柳传志。公司经营范围包括物业管理；房地产开发，销售自行开发后的商品房等。随后，融科智地进军住宅地产，迅速在北京、天津、重庆、武汉、长沙、合肥等城市布局，鼎盛时期销售额达 138 亿元。

近年来，随着"李超人逃跑"的消息，柳传志及时卖光了联想所有的房地产项目，止损眼光也是一流的。

2004 年之前，联想是中国科技担当者。可是，一家科技企业为什么要做房地产这么不相关的业务呢？

柳传志道出了无奈：联想之所以搞"非相关多元化"实属情非得已。

柳传志说："并购 IBM 的 PC（个人电脑）业务，我们取得了成功，这是很有意义的事情。如果当时在中国，打不赢外国人的话，中国的信息化会被拖后。这在当时非常的明显，当发达国家卖 486 机器的时候，中国是 386。我们有自己的企业能够跟他们竞争的时候，他们立马就有更新的机器上来。联想站在前面，整个机器的价格就下来了。电脑行业实际上是风险非常高的高科技行业，站在股东的立场上，就要开辟新的行业出来，这样步子才会稳。并购 IBM 是成功了，如果不成功，公司就没了。

"但是不并购，联想就会是一个非常平庸的企业。并购后，电脑业务的营业额高达 340 亿美元，并购前是 29.9 亿美元。但是，如果有了另外一块业务，比如像投资的业务，房地产业务等，这时候使得主持电脑业务的负责人，就更敢于去往前迈进，敢于去闯，因为股东不会老拽他的后腿。所以，多元化对我们这样的企业是必要的。"

将联想集团交到杨元庆手中后，柳传志开始逐渐将精力都放在联想控股上，专注从战略层面寻求联想的发展方向。从事"非相关多元化"投资，一方面是为了让杨元庆他们可以专心研发科技产品，另一方面是源自对科技产业的巨大担心。

从汉卡到 PC，在激烈的厮杀中，柳传志看到了 IT 产业巨大的不确定性——当年做 PC 的王安、AST、康柏等公司，要么垮了，要么被收购，做点 IT 之外产业，是为了抵御风险。后来 PC 业的严重不景气，验证了柳传志的担忧。

房地产的尝试，让柳传志看到了希望。从 2000 年开始，联想开始做风险投资，积累经验之后又做天使投资和私募投资。如今，联想集团形成了天使投资（联想之星）、风险投资（君联资本）、私募股权投资（弘毅投资）完整投资链条，统称为"财务投资"。联想控股财务投资，投资过科大讯飞、中联重科等公司，都很成功。

从 2005 年开始，联想控股又启动了战略投资业务，开始培育新的实业增长点。通过投资等方式搭建起了金融服务、医疗服务、互联网及创新消费、现代农业及食品四大实业板块。联想战略投资过拜博口腔、神州租车、拉卡拉、佳沃集团等，还连续并购了巴西的企业、日本 NEC、德国的企业，也很成功。

至此，联想控股形成了"投资 + 实业"双轮驱动的发展战略，这种发展战略不仅切合中国的商业环境，也有效地分散了风险。

如今，进入互联网 + 时代，人们对各种跨界投资已经见怪不怪。反观联想这么多年的多元化投资，可谓前卫，我们不得不佩服柳传志的长远眼光。

· 竞争理念 ·

成为长手指，补齐木桶短板

柳传志有一个著名的"木桶效应与指头效应"理论。"木桶效应"是指，企业的效率就像在木桶里装水，其容积是由木桶最短的那块木板的长度决定，企业必须注意自己的短板在哪里，要通过改进短板提升整体效率。"指头效应"是说 5 个手指头不一样长，企业的特长和优势，要靠那个最长的手指头去够。企业在注重木桶效应的同时，还必须注意自己最能发挥出优势的地方，以形成独特的核心竞争力。

简单来说，竞争就是要成为长手指，补齐木桶短板。

1990 年，国家为了保护电脑行业和民族品牌，对国外大的电脑公司进口的机器通过进口批文和高关税的方法把他们挡在外面，但是保护的结果是：国产电脑价格高、质量差。

1993 年，中国电脑行业对外开放，原先的进口批文被彻底取消，同时关税大幅度降低。IBM、AST、戴尔等国外计算机品牌大举进入中国。价格高、质量差的国产电脑受到了很大冲击，像长城这样的早期品牌就在这个时候消失了。中国计算机产业陷入全面危机的时候，一直飞速增长的联想第一次没有完成既定的目标。

在资金、技术、管理、人才各方面都远远没法跟人竞争的情况下，联想该怎么办？

柳传志冷静地下指挥：不要总去研究竞争对手多么强悍，好好把自己内部做调整，补足短板。这一年，杨元庆走马上任。经过了艰苦的努力，把采购、生产、销售都做了大幅度调整以后，到了 1996 年，联想才主动发起进攻。联想电脑一年内 6 次降价，降价的幅度之大，令人咋舌。

当时权威媒体都刊登文章质疑：联想的红旗还能扛多久？公众都认为联想是在搞"自杀"，连同行都为他们担心。结果到年底的时候，联想的销售总台数增加了 100%，利润也大幅度增加。

联想敢于连续降价的原因主要在于做了充分研究和准备工作。联想为此进行了半年左右的演练，对每一个工序怎样做、到底能够承受多长时间，都进行了细致的分析，然后反复进行市场比较，最后准备充分了，才发动战役。

"死着磕，猫着打"是柳传志当时的竞争策略，意思是拼死一搏，以智取胜。到 1996 年的时候，联想开始打翻身仗并跻身中国市场销售前三名，1997年，联想跃居中国电脑市场销售榜单第一的位置。

2004 年，靠直销起家的戴尔，在中国发展突飞猛进。柳传志当时自信地说大话："叫戴尔先生认识认识，什么是联想！谁叫杨元庆！"话说出去两年之后，结果是联想比较深刻地认识到"谁是戴尔"。这一拳让联想清醒过来，联想随后从盲目自信中走出来，总结教训，认真研究戴尔，学习戴尔，然后厉兵秣马再和戴尔大战。

戴尔是著名的"低价之王"，在竞争中惯用价格战，它进驻中国后，便把它的价格战带到了中国。2001 年，IT 行业不景气，戴尔就是通过价格战，成了全球电脑霸主，占据了中国电脑市场第四大厂商的位置，成为电脑销量增长最快的公司。

面对戴尔的长项，联想拒绝参与低价战，并声称未来两三年，8000 至 10000 元仍将是笔记本电脑的主战场。他们不仅重点开发笔记本电脑的宽屏市场，而且与中国联通合作，联合推出不限地区、不限流量的 CDMA 无线上网方案。2005 年第二季度"企业 IT 采购行为和消费者满意度调查"报告显示，联想荣登"笔记本企业消费者满意度"第一名。

最终，联想不靠低价和戴尔对抗，也不和戴尔拼直销模式，而是靠产品升级打败了戴尔。

· 经营智慧 ·

搭班子、定战略、带队伍

当人们谈论柳传志时，他最显著的标签绝不是财富英雄，大家更愿意称他为企业家之父。他是中国现代企业制度建设的拓荒者、思想家。"搭班子、定战略、带队伍"，他提出的这九字箴言，影响了几代企业家。

柳传志有个著名的比喻：房屋论。他眼里的企业管理有三个层面，最上端的"屋顶"部分是运行层面，包括研发策略、销售策略、降低成本策略等诸多方面。最底层的"地基"部分是企业机制和企业文化层面。

联想之所以能够成功，与运行层面及管理流程方面的出色表现分不开，但最重要的原因还是联想在管理上最重要的突破——"地基"打得好。而打地基的要诀就是"搭班子、定战略、带队伍"。30 多年时间里，联想从一家国有小型作坊变成一家具有清晰产权体系、卓越品牌价值的伟大公司，凭借的就是这一法宝。

所谓"搭班子"，实质是三件事：第一，群策群力，不能单靠企业领导人一个人的智慧；第二，提高管理者的威信，不能一个人说了算；第三，对第一把手有一个制约。

所谓"定战略"，就是不要只顾埋头干，还要抬头看，第一要制定目标，第二要研究到目标的路线。

定战略的五大步骤是：第一，确定长远目标；第二，决定大致分几个阶段；第三，当前的目标是什么；第四，选什么道路到达；第五，行进中要不要调整方向。

所谓"带队伍"，就是怎样用好的文化和激励方式带动员工，怎样用组织架构和规章制度有序地管理，怎样选拔和培养人才。"带队伍"要解决三个问题：让战士"爱打仗""会打仗"和"作战有序"。

在这管理三要素中，"搭班子"是柳传志最看重的。一般人可能会纳闷："定战略"应该在"搭班子"之前才对，因为应该先有事，先有战略目标，才能找人去做。而做过企业的人都知道，"搭班子"在"定战略"之前才靠谱。先要有一批志同道合、有着共同理想的人，然后，才能基于这批人自身的特点定出最能发挥这批人长处的战略。企业的战略是基于办企业的人而制定的，而不是相反。

西方教科书上也有所谓的管理三要素：计划、协调和控制。因为强调的是管事，没有提人的重要性和能动性，所以一到实践当中就"水土不服"。柳传志的"管理三要素"之所以深受本土企业家欢迎，就是因为它非常符合中国社会现实。在中国，人绝对是第一位的，合适的人是阿拉伯有效数值的1，后面带一个0是10，带两个0是100，带三个0是1000，没有合适的人作为1，再多的0也没有用。这也是为什么柳传志花那么多心思选接班人的原因所在。

柳传志亲选的第一任接班人是孙宏斌。1988年，孙宏斌从清华大学硕士毕业后就进入联想，凭着热情与闯劲，在铺设销售网络上表现抢眼，引起柳传志的注意和赏识。柳传志调走对孙宏斌不满的老将，将孙宏斌安排在要害部门上。1990 年孙宏斌被破格提拔为联想集团企业发展部的经理，主管范围包括在全国各地开辟的 18 家分公司。

赋权给孙宏斌，柳传志忙着筹备香港联想的一摊子事情。孙宏斌仗着柳传志对他的信任，逐渐膨胀。柳传志人在香港，孙宏斌办出了这样的事情：自己选外地分公司的负责人，连财务都不受集团控制。更不可思议的是，孙宏斌居然办了一份《联想企业报》，头版突出自己部门的地位：企业发展部的利益高于一切！

柳传志发现孙宏斌确实有问题后，给他改正的机会。柳传志组织了两次联想高层会议，旁敲侧击地警示他在管理中的"帮会"问题。孙宏斌第一次假装听不懂，第二次干脆不参加，这让柳传志很失望。

柳传志让孙宏斌从联想的分公司随便挑一个，自己去干，孙宏斌也拒绝了。

双方矛盾激化到有一天孙宏斌当众对柳传志的秘书大喝："这不是你的位子！"这让柳传志无比恼火。见形势不妙，孙宏斌和属下商量对策，卷款而逃，柳传志亲自报警，孙宏斌入狱。

那一年，孙宏斌 26 岁。后来他在和柳传志的谈话中说："我反思这段经历，更多地找自己的问题。我当时年轻气盛，比较急躁，其实还是太嫩。很多事情想得太简单，出了这些事还是在自己。我不希望被一块石头绊倒两次……"

1994 年孙宏斌出狱第一件事就是向柳传志道歉，换来了东山再起的机会，柳传志出手借给了他 50 万元，于是有了顺驰和融创。

孙宏斌入狱之后，柳传志很快又发现了另外一个接班人选——杨元庆，和孙宏斌一样，杨元庆也是年纪轻轻就成为公司业绩最为突出的经理之一，柳传志对这样的青年才俊格外青睐。是什么让柳传志对杨元庆印象深刻呢？原来，有一次，柳传志安排杨元庆参加夏威夷的一个大会，当时出国机会还很难得，一般人都抢着去，让柳传志想不到的是，杨元庆以公司最近销售压力大、他走不开为由拒绝了，并且主动替下属申请这次出差机会。这件事让柳传志颇多感慨。

1994 年，联想公司成立微机事业部，柳传志对杨元庆说："我希望你能来负责新成立的微机事业部。"接班人确定了下来。

很多人对"搭班子"有误解，以为是给一把手找下属，相处舒服、指挥方便，这是很多创业者找合伙人搭建创业班子最常见的做法，也是很多人创业失败的根源之一。

无可否认，一把手绝对是企业的灵魂和核心，而柳传志提出搭班子的用意实际上是建立对一把手的约束机制，来克服由于个人领导可能带来的弊端。

当年年轻气盛的孙宏斌不仅不愿自己被制约，还自己搞帮派，显然没有摆正"一把手"的姿态。而杨元庆从一开始就表现出了"自愿被制约"，并且能够依照班子决策的程序来模范执行，他也因此成了"一把手"。

· 企业文化 ·

说到做到的"5P 文化"

在联想，有两件事是柳传志坚决不允许的：

一是坚决不让高管子女进入联想工作。包括柳传志在内，任何高管不许带子女进公司，不管子女是学什么的，是不是人才，是不是优秀，都不能进联想。柳传志的追求是尽量让企业能够在公平公正的原则下发展。

大客户及各种各样的社会关系，如果推荐他们的子女或有关的人到公司里来，联想怎么做呢？对这个人进行笔试，考试通过后，要有三个副总裁同时签字来保证，这个人才能作为一个特殊情况进到公司里来，这就表示不是任何一个人的私人关系。而且联想绝不通过这个孩子跟他的家长进行特殊联系。

二是开会坚决不能迟到，迟到要罚站。从 1990 开始，柳传志就定下了迟到罚站的规矩，不管是普通员工还是高管都要遵守。有一次，联想高管开会，和柳传志一起创业的张祖祥迟到了，柳传志对张祖祥说："对不起，你迟到了，你得罚站一分钟。"随后，会议停止了，讨论声也没有了。直到参会人员宣布一分钟时间到了，柳传志说"请坐吧"，会议才继续。就这样，柳传志在公司树立了权威，后来，公司开会再也没人敢迟到。

"文化是软东西，但你非要用硬的方面来抓。"谈到公司的企业文化，柳传志说，"联想之道，就是说到做到，尽心尽力。"

这一核心文化的确定，源自并购 IBM 之后。并购 IBM 之前，联想也很有目标意识，高层年年制定预算，年年喊口号、立誓言、做承诺，但每当立下的目标无法兑现时，没有追究责任，反而自动降低目标。高层对自己要求不严，对下属更不严，有时候看着下属提出不切实际的目标，管理人员因为担心失去支持而选择不说；同样的，下属看到领导提出不靠谱目标的时候，也选择默不作声。

直到 2008 年第四季度，经济形势恶化，联想蒙受了巨大损失。董事会下决心扭转这种情况，开始把"求实"两个字放在了联想文化的第一位，也就是要说到做到，想清楚再承诺，承诺了就要兑现。

基于这一点，联想进一步总结出了 5P 原则，作为核心价值观的内核：

We plan before we pledge——想清楚再承诺

We perform as we promise——承诺就要兑现

We prioritize company first——公司利益至上

We practice improving every day——每一天我们都在进步

We pioneer new ideas——敢为天下先

"5P 文化"的每一条都有详细解读和量化考核标准。在联想的员工考核评估、晋升中，是否符合"联想之道"是非常重要的考量指标。就联想之道中的"承诺就要兑现"这一条而言，销售人员承诺的销售任务有没有达到、对于客户的服务承诺有没有兑现，都会直接影响到员工的考核。

说到做到，在联想不仅仅是一种态度，也是对未来发展的把握能力。

· 领袖魅力 ·

从飞行员到"柳传奇"

1988 年，要自创品牌的柳传志向有关部门申请计算机生产批文，有关部门回他：中国已经引进这么多条计算机生产线了，还差你这一条吗？柳传志只能把工厂开到了香港。

2018 年，柳传志对政府人员讲话越来越尖锐："假如向政府某一项工程投了标，而这个标对您的企业很重要，但是遇到了索贿的问题，您（龙永图）将怎么做？""中小企业到南宁来投资求发展，万一遇到了不公正待遇，比如吃拿卡要或者是拖延、效率很低的情况，您（南宁市委书记余远辉）给他们出三招，他们应该怎么办？"

三十年河东，三十年河西。这就是传奇。

就在前不久，联想集团在 5G 标准投票中未投给华为，瞬间陷入"卖国贼"的舆论旋涡。74 岁的柳传志坐不住了，他发表檄文《行动起来，誓死打赢联想荣誉保卫战》，以及一段 1 分 10 秒的录音来表达愤怒。

这下不得了！马云站出来了："相信柳传志，坚定支持柳传志！商业避免不了竞争，但竞争上升到无底线，扣政治帽子，煽动民情民愤实乃商业之悲哀、社会之悲哀。"

李彦宏站出来了："柳传志和杨元庆都是我钦佩的企业家。从上个世纪（20 世纪）开始，联想就是民族产业的一面旗帜，为中国信息科技的发展做出了不可磨灭的贡献。"

刘强东站出来了："支持柳总、元庆的谣言反击战！我们与联想坚定地站在一起，共同声讨谣言，伸张正义。"

刘永好站出来了："我们从不回避商业竞争，并且非常认同公平开放的竞争对商业进步的正面影响。通过恶意的诋毁、中伤来打击同行的卑劣手段是我们不能容忍的，也是正义不能容忍的。"

周鸿祎站出来了："商业问题不能上纲上线政治化，不能追求任何事情、任何言行的政治正确。"

宁高宁站出来了："坚决支持联想维护正面商业形象，反对造谣惑众企图否定联想的用心。"

还有复星集团董事长郭广昌、TCL 集团董事长兼 CEO 李东生、中国民生银行股份有限公司董事长洪崎、新东方教育集团创始人俞敏洪、海底捞餐饮股份有限公司董事长张勇、汇源果汁集团有限公司董事长朱新礼、蒙牛集团创始人牛根生、巨人网络集团董事长史玉柱、携程旅行网和如家连锁酒店创始人沈南鹏等都站出来了，百位顶级企业家、中国商界最有头脸的人几乎都站出来了，他们以不同方式传达一个声音：支持柳传志！联想绝不能倒！

一呼百应，在中国能做到这个的企业家，大概也只有柳传志了。

这样的场面，几年前曾上演过。2015 年 7 月 7 日联想控股上市，北京庆功会上，中国企业家悉数到场，王健林、雷军和马云三人，各自代表了柳传志的三个企业家圈子发言：中国企业家俱乐部、北京中关村企业家顾问委员会和泰山会。年过花甲的王健林，当场一声"老大哥"，把柳传志的"企业家教父"地位给喊了出来。

企业家之所以拥戴柳传志、支持联想，诚如柳传志在檄文中所言："20 世纪 90 年代初的中国完全没有自己的计算机产业，面对大批外国企业的大举进攻，如同一个小舢板一样的联想甘冒风险，跟这些庞然大物一较高下，用代理国外产品赚的钱，贴进去来坚持国产计算机的研发，坚决举起民族工业的大旗，最终击溃国际巨头……联想的历史，当之无愧是中国民族计算机产业从无到有、从弱到强、从中国到世界的一个缩影！"

经过 30 多年与改革开放同呼吸共命运的生存发展，联想已经不仅仅是一家普通民企，更是中华民族奋发图强的缩影。

柳传志说"联想就是我的命"，没有柳传志就没有联想。30 多年来，他一次次避开了政治与市场的激流险滩，见证了中国从计划经济到市场经济的转轨，见证了一个时代的变迁，一家公司的成长，一个个体命运的辗转。

美国《商业周刊》说柳传志是"衔着红色银勺子出生"，但柳传志的父母曾讲起，柳传志出生那年，父母带着他从上海回镇江，在火车站不得不给日本兵鞠躬。在下海成为商人前，柳传志的人生跟当时大多数中国人没有什么差异，在匮乏、饥饿、封闭中度过。国弱民难安，让柳传志从小就有了精忠报国的夙愿。

1961 年，柳传志高中毕业，他的梦想是当一名空军飞行员。飞行员在当时是很抢手的职业，不仅可以报效祖国，还风光无限。他经过一轮又一轮的考核，成为全校唯一的入选者，但由于他的舅舅是右派，梦想落空。

最终柳传志去了西安军事电信工程学院雷达系学习，那是一段军营生活，在那里，柳传志接受了集体主义和爱国主义教育，也塑造了他日后雷厉风行的军人作风。

紧接着，赶上"文化大革命"，柳传志被下放到广东珠海白藤农场去劳动锻炼，在一个个吃不饱、饿到感觉肌肉在蒸发的夜晚，柳传志恨透了贫穷。

1970 年柳传志进入中科院研究所，他以为可以靠科技振兴中国，实际上，到了 40 岁，他也毫无成就感。

创办联想的初期，柳传志经常将事业与整个中科院甚至国家科技改革的命脉相连在一起。1989 年 4 月，联想给中科院院长周光召的一封信中写道："我们希望自己有机会把自己的生活、生命和整个中科院的事业联系起来，甚至和国家科技改革的方针联系起来。"

1994 年 9 月，联想给电子工业部领导的汇报写道："我们咬牙坚持也要扛起民族产业的大旗"，同时也"要求政府关注我们，当我们做得好的时候为我们叫好"。《人民日报》在头版报道了联想高举民族工业大旗的壮举，联想"产业报国"终于得到了官方认可。

直到 2004 年，联想收购 IBM 的全球 PC 业务后，产业报国的内容从联想集团的企业愿景中拿掉，柳传志的解释也很合理："你不能叫美国 CEO 产业报国给中国"。而且，联想控股的企业愿景第一句仍然是"以产业报国为己任"。

2010 年，柳传志在《人民日报》上撰文，回忆创业心境时写道："我为什么出来创业？当时在中科院研究所工作，研究出的成果就放在那里，但没有把这些成果推到市场上去，真正推动国家经济。我一方面是想试试自己的人生价值，看看自己能做多大的事；另一方面，也想尝试'高科技产业化'这件事。后来我逐渐发现自己有些特点，比如有大志、有追求，还确实有组织能力。我心胸比较宽，善于沟通，喜欢总结，慢慢可以提炼出一些办企业的基本规律。"

在创业联想的这些年，尽管受大环境制约，受尽委屈，但柳传志产业报国的情怀一直没变。

就是这样的柳传志，却被人指责为"卖国贼"，难怪老爷子怒发冲冠。

著名的历史学者费正清在《剑桥中国史》中揭示："在中国这部历史长剧中，中国商人，从来没有占据显赫的位置。他们只是配角——也许甚至只有几句台词，听命于帝王、官僚、外交官、将军、宣传家以及党魁的摆布。"

从柳传志开始，"中国商人"的社会地位从此改变。他是一个时代的标签，一个不会褪去的传奇。

· 商业真经 ·

柳传志经典语录

1. 有理想而不理想化。

2. 一把手要能够知道建班子就是为了制约自己的；重要的事情，要人人都知道。

3. 做成一件事首先是机制的问题，其次是班子的问题，再次才是自己能力的问题，所以，有些事情做不成，很多人怨天尤人，说不是自己能力不行。但我信奉一点就是什么事情都在自己身上找原因，苦苦在自己身上想法去解决。很多事情不到时机，我的势能不够，我会按住不动，我坚决不做，决不会因为要抢前一步做一件事情，破坏了班子的和谐。

4. 文化是软东西，但你非要用硬的方面来抓。

5. 诚信不光是一种态度和意愿，也包含有能力。屡屡有意愿却达不到效果，一样是不诚信。

6. 以规范化、科学化的管理为基础，而用人情、亲情来进行调整。

7. "管理三要素"，即搭班子，定战略，带队伍。

8. 小企业发展看老板，大企业进步看文化。

9. 为了达到预定目标，要把最坏的情况想清楚，这样才可能达到总目标。

10. 妥协也好，坚持也好，目的性一定要清楚，目的性清楚了，就会把握得好这个度。妥协不是目的，妥协是为了达到预定目的的一个手段。我只怕大家为了达到预定的目的，不懂这个手段，那就会出事。这两个一定要刚柔并济，把握者本身还要有很高的政治智慧。

11. 大环境改造不了，你就努力去改造小环境。小环境还是改造不了，你就好好去适应环境，等待改造的机会。

12. 高科技企业发展有四道关：第一是观念，第二是环境，第三是机制，第四是管理。

13. 中国企业是有机会走出去的。联想的并购是中国企业国际化的一种探索，是中国资本在使用外国资本、人才为我们服务的尝试。

14. 看油画的时候，退到更远的距离，才能看明白。离得很近，黑和白是什么意思都分不清。退得远点，就能明白黑是为了衬托白，再远点，才能知道整幅画的意思。打这个比喻是为了时时提醒我们牢记目标，不至于做着做着就做糊涂了。

15. 我作为联想的创始人，联想就是我的命。在这种情况下，需要我的时候我出来，应该也是我义不容辞的事情。基于这个考虑，（我）就出来再重新工作。我不可能在失败的时候退下来，一定是走到胜利的轨道以后我才（退）下来。

16. 德才兼备最好，实在不能兼得的时候，应该将"德"放在第一位。

17. 我的退出是为了让联想集团发展得更好。

18. 挨过饿的人吃红烧肉，跟没挨过饿的人吃红烧肉的感觉不一样，所以说幸福本身实际是一种感觉，看你自己怎么去品评它。

19. 联想控股的下面各块新业务如何定位？就是养"猪"和养"儿子"的区别对待。

20. "民营"就是四自，即"自筹资金、自由组合、自负盈亏、自我审查"。

21. 我不会用言语去回应质疑，我只用具体的业绩赢取信任。

22. 鸡孵蛋的最佳温度是 39℃，我们创业那时的温度大概有 42℃，因此，只有生命力极强的鸡蛋才能孵出鸡来。

23. 制定战略，要吃着碗里的看着锅里的。

24. 小公司做事，大公司做人。

25. （创业）第一年根本谈不上战略。

26. 将 5% 的希望变成 100% 的现实。

27. 宗派是形成团结班子的绝症，要杜绝一切可能产生宗派的因素。

28. 联想需要各种各样的人才，但主要是三种人才：能独立做好一摊事的人；能带领一班人做好事情的人；能审时度势，具备一眼看到底的能力，制定战略的人。

29. 你（杨元庆）知道我的"大鸡"和"小鸡"的理论。你真的只有把自己锻炼成火鸡那么大，小鸡才肯承认你比他大。当你真像鸵鸟那么大时，小鸡才会心服。只有赢得这种"心服"，才具备了在同代人中做核心的条件。

30. 不走仕途，不做改革的牺牲品，不和民营企业比财富。

成杰智慧评语

我有一个观点：企业所有的问题都是人的问题。

产品做不好，谁的问题？销售做不好，谁的问题？生产质量有问题，谁的问题？管理有问题，服务有问题，都是谁的问题？人的问题！简单来讲，一个企业所有问题都是人的问题。所有人的问题都是教育出了问题，而所有教育问题都是企业家的问题。

把人管好、用好、教育好是一个企业家最基本的素质。在这方面，柳传志是中国企业界的教父级人物，他的"搭班子、定战略、带队伍"影响了无数人。柳传志有哪些值得我们学习的用人智慧呢？我做了如下提炼。

- 什么是人才 -

柳传志认为人才有三种类型：第一种是能够自己独立做好一摊事；第二种是能够带领一群人做事；第三种是能够制定战略。在一个公司规模比较小的时候，我们更需要第一种人才。当公司发展到一定程度的时候，我们需要较多的是第二种人才。当公司发展壮大之后，第三种人才就显得非常抢手了。柳传志是从一种动态、发展的角度来界定人才的标准的。从1989年之后，联想集团在第二和第三种类型人才的培养方面下了很大功夫。

- 如何用人 -

柳传志把人才分成四类：第一类认同公司价值观，能创造利润；第二类认同公司价值观，不创造利润；第三类不认同公司价值观，能创造利润；第四类，不认同公司价值观，不创造利润。第一类人要重用，第四类人坚决不用，第二类和第三类人要培养使用。

- 怎么培养人 -

柳传志把联想集团培养人才的方法比喻为"缝鞋垫"和"做西服"。柳传志认为：培养一个战略型人才和培养一个优秀的裁缝是相同的道理。不能一开始就给他一块上等毛料去做西服，而是应该让他从缝鞋垫做起。鞋垫做好了再做短裤，然后再做一般的裤子、衬衣，最后才是做西装。不能拔苗助长、操之过急，要一步一个台阶爬上去。

柳传志说："企业家是串起一条珍珠项链的那根线，每个人才都是一颗颗珍珠，能不能把他们串起来，这考验的其实是学习能力。"成功的企业家都要掌握管理人才的能力，能成为一个人才输出大师。

一个人改变自己是自救，影响众生是救人。一个人吃饱喝足是自救，能让更多的人过上幸福的生活、富裕的生活，就是救人。一个人能够成长是自救，能够带动更多的人成长就是在救人。成功的企业家都是普度众生的大师，他们的一个重要工作就是救济苍生，最终，他们成就了别人，也成就了自己。

第 4 章

任正非

重点提示

创业故事：在车间里铺块泡沫板就成了床

商业模式：聚焦优势，"农村包围城市"

竞争理念：领先对手半步而不是三步

经营智慧：危机管理与狼性团队

企业文化：以客户为中心，以奋斗者为本，长期艰苦奋斗

领袖魅力：声名显赫而又低调如谜

商业真经：任正非经典语录

成杰智慧评语

· 创业故事 ·

在车间里铺块泡沫板就成了床

2011 年，在一篇内部文章中任正非分享了自己当年创业时的心境："我理解了，社会上那些承受不了的高管，为什么选择自杀。问题集中到你这一点，你不拿主意就无法运行，把你聚焦在太阳下烤，你才知道 CEO 不好当。"

"每天 10 个小时以上的工作，（我）仍然是一头雾水，衣服皱巴巴的，内外矛盾交集。2002 年，公司差点崩溃了。IT 泡沫破灭，公司内外矛盾交集，我却无力控制这个公司，有半年时间都是噩梦，梦醒时常常哭。"在艰苦创业时期，任正非的身体与精神遭受重创，两次患癌、陷入抑郁，有过自杀的念头。

1944 年 10 月 25 日，任正非出生于贵州省安顺地区镇宁县靠近黄果树瀑布的一个村庄，祖籍浙江省浦江县。任正非的父母是乡村中学教师，家中还有兄妹六人。因为父母对知识的重视和追求，即使在三年自然灾害时期，"母亲每到月底就去借三五元，以便一家人度过饥荒"，父母仍然坚持让任正非读书。最终，任正非上了重庆建筑工程学院（现已并入重庆大学），在校期间，他除了读完自己的暖通专业之外，把电子计算机、数字技术、自动控制等专业自学完，还学习了逻辑学、哲学和几门外语。

任正非大学临毕业那年，"文化大革命"开始了。任正非的父亲由于出身的关系，在大运动中受到了冲击。任正非的弟弟妹妹因为父亲的缘故，一次又一次入学录取被否定，他们连中学甚至小学都没读完。家里的长子任正非一直是全家人的希望。

大学毕业后，任正非当了兵。1974年，国家为了尽快实现工业现代化，从法国引进一套世界先进的化纤技术，总投资28亿元人民币，并决定在东北的辽阳市建厂。为了保证辽阳化纤基地的建设顺利完成，国家从全国各地调集优秀人才参加这项重点工程，而这些建设人员首先要参军，然后再以军队的形式参与建设。任正非就在这种情况下，成为基建工程兵的一员，在辽阳参加施工建设。

任正非入伍不久，由于技术突出，当上了通信兵，随后被抽调到贵州安顺地区的一个飞机制造厂，参与开发军事通信系统工程。当兵期间，任正非发明不断，作为部队里的技术骨干，深受部队领导重视。1978年3月，年仅33岁的他还作为杰出代表参加了全国科学大会，接受过重要领导表扬。

1983年随国家调整建制，撤销基建工程兵，任正非以团副的身份转业，来到成为改革试验田的深圳，在当时深圳最好的企业之一——南油集团下面的一家电子公司任副总经理。

任正非之女孟晚舟回忆，当时任正非和妻子初到深圳，生活条件很艰苦，他们住在漏雨的屋子里。不久之后，孟晚舟要上初中了，为了不影响学习，她被送到了贵州的爷爷奶奶家。

任正非在一笔生意中被坑了，公司200多万元货款收不回来。他只得变卖家产来还债，自然而然地也失去了南油集团的铁饭碗。这个时候，已经进入南油集团领导层的妻子和他离婚了。

离婚后，任正非将年迈的父母、亟待照顾的弟妹都接到深圳与自己同住。一大家子租了一间十几平方米的小房子。房子没有厨房，阳台就变成了做饭炒菜的地方，晚上十来口人挤在一起睡觉。父母通常在市场收档时去捡菜叶或买死鱼、死虾来维持生活。

此时的任正非正在经历惨烈的中年危机：上有老父老母要赡养，下有一儿一女要抚养，还要兼顾六个弟弟妹妹的生活，自己还失业了。就是在这样的背景下，43岁被生活"逼上梁山"的任正非，开始了创业生涯。

跟远大的理想无关，这是一个为了养家糊口、摆脱中年危机的悲情创业故事。

"我们这种人在社会上，既不懂技术，又不懂商业交易，生存很困难，很边缘化的。"任正非回忆创业时的窘境说。

任正非尽最大能力凑齐 2.1 万元创立了华为技术有限公司。在最初的两年里，公司主要是代销香港的一种 HAX 交换机，靠打价格差获利。

在做代理商的过程中，任正非敏锐地发现，中国电信行业对程控交换机的需求会持续很久，而如果能自主研发，打破跨国公司的技术垄断，市场前景会异常惊人。看透这点，43 岁的任正非决定赌一把，走自主研发之路。

一开始，华为走得还算顺利，团队研发的用户交换机 HJD 系列产品在市场上很受欢迎。然而，打击随之而来。因为对趋势判断失误和跟风研发，新研发的模拟交换机还没有推出，就被扣上了"淘汰品"的帽子。这次挫折，让任正非痛下决心：小打小闹的研发没有意义，必须彻底穿心，打造出有技术含量的拳头产品。

1992 年的一天，任正非站在办公室的窗边，一字一顿地对干部们说："这次研发如果失败了，我只有从楼上跳下去，你们还可以另谋出路。"

所谓的办公室，不过是深圳湾畔的两间简易房，除了办公，还兼备生产车间、库房、厨房和卧室的功能。任正非和员工同吃同住，累了铺块泡沫板就成了床。这种做法后来成了华为传统，被称为"床垫文化"，就算后来华为国际化，员工在欧洲也会打地铺。

创业时的"床垫文化"一点儿也不酷，因为当时任正非是真的没钱。当时搞研发的钱，是任正非向高利贷借来的，完全是釜底抽薪地赌了一把。

高压之下，1993 年，华为研发出了交换机 C&C08，迅速占领了市场。而同年，国内 95% 的交换机企业都死掉了。

· 商业模式 ·

聚焦优势，"农村包围城市"

管理大师彼得·德鲁克说过："没有一家企业可以做所有的事情，即便有足够的钱，它也永远不会有足够的人才。"很多创业者最常犯的错误就是没有把自己的精力集中在一个点上。他们总是涉猎广泛，伸手很长，没有一点儿工匠精神，结果干啥啥不成。其实，市场竞争中最强有力的武器是集中所有的精力于一个点上，或只拥有一个概念——营销学称之为聚焦战略。

华为发展的核心就是由毛泽东提出的"集中优势力量打歼灭战"转变成的"压强战略"。

《华为基本法》第 23 条指出：我们坚持压强战略，在成功的关键因素和选定的战略生长点上，以超过主要竞争对手的强度配置资源，要么不做，要做，就极大地集中人力、物力和财力，实现重点突破。

任正非和团队通过自主研发，为华为打开了市场，也赢来了竞争对手。如何和强大的竞争对手博弈呢？

一方面，华为采取不进行全方位追赶的研发策略。

明知自己实力不足，却要跟在对手背后追赶，在任正非看来是盲目进取。华为选择集中优势精力去攻克当代计算机与集成电路的高新技术，通过创新和突破实现后来居上。在研发投入上，华为的大手笔令业界惊诧。在强敌追杀的背景下，华为依然坚持每年投入占销售额 10% 的资金和国内外研发机构联合研发。华为自己设置的研发中心规格也很高，开发设备和测试仪器都很先进。在研发上面的付出，为华为奠定了竞争力。通过借力研发和自主研发，华为在数字程控交换机设备和移动智能核心网络方面形成了领先的优势。

有了技术优势，就不愁口碑，有口碑就不愁买卖。从 1999 年年底华为公司拥有第一家合作单位起，短短三年内，华为已经吸引到 200 多家通信工程公司，并使他们成为自己不离不弃的合作伙伴。这些当地龙头企业或者华为自己创办的合作公司，为华为承担着非核心业务，让华为有更大精力去大胆研发，从而具备更强的核心竞争力。

另一方面，采取了不正面斗争的市场策略。

当时，主战场已经被通信设备巨头垄断，爱立信、阿尔卡特和朗讯凭借自己的资金实力，称霸中国一线城市。在这种情况下，华为采用了"农村包围城市"策略，从跨国公司看不上的小县城做起。举个例子，当时华为派出 200 多人常年驻守黑龙江，为的是拿下每个县电信局的本地网项目。黑龙江本来属于爱立信的"势力范围"，但是爱立信只有 4 个人负责黑龙江市场，其抓大放小的市场战略，让华为"钻了空子"。华为瞄准爱立信的战略漏洞，抓住时机，快速占领了县级市场。

1996 年，华为与长江实业旗下的和记电信合作，帮助和记电信在竞争中取得差异化优势。随后，华为开始开拓发展中国家市场，重点是市场规模相对较大的俄罗斯和南美地区。2001 年，华为在俄罗斯市场销售额超过 1 亿美元，2003 年在独联体国家的销售额超过 3 亿美元。其后在其他地区全面拓展，包括泰国、新加坡、马来西亚等东南亚市场及中东、非洲等区域市场。在这些海外市场积累了一定口碑之后，华为才挺进欧洲和北美市场。

英国军事理论家、战略家利德尔·哈特在他的代表作《间接路线战略》一书中提出了这样一个观点：间接路线是最合理和最有效的战略形式。他对2500 年的战争史进行了系统的研究分析，发现了一个规律：历史上那些具有决定性意义的战役，大都采取了间接路线战略，直接路线获胜的例证非常少。

避开敌人锋芒，迂回到对方的侧面或后面，集中自己的优势兵力，来攻击对方相对薄弱的部位，这一战略的科学性已经被中国共产党用实践证明了。作为一名军人、毛泽东军事思想的崇拜者，任正非在指挥华为人战斗时，很好地运用了这一军事战略。

· 竞争理念 ·

领先对手半步而不是三步

格力在广告中大谈掌握核心技术，而华为才是最早的技术控。任正非认为：对核心技术的掌握能力就是华为的生命。产品和技术每晚一步，就意味着巨大的失败和压力，因此，时刻关注技术发展潮流，牢记"失败是成功之母"和永远保持危机感是极其重要的。

据国际知识产权局统计，华为是中国目前申请专利最多的企业，已拥有专利量1.4万余件，并在多个国家建立了研究所。

牛顿曾经说过这样一句话："我看得远，是因为我站在巨人的肩膀上。"很多新兴企业将牛顿的这句话当成自己的信条，他们早期的技术研发以跟随开发为主，紧跟先进企业，学习、借鉴他们已经成熟的技术，尽快推出市场化且有较大盈利空间的产品，这种做法有助于帮助新兴企业走过开创阶段的脆弱期。华为创业之初也实施过这样的跟随战略，但好景不长，弱小期，业内大佬对华为视而不见，可随着华为的逐步发展，它开始成为大佬们的眼中钉，遭受了大佬们技术上的封锁和打压。在这种背景下，华为摇身一变，开始实施"技术驱动"战略，加大投资力度，瞄准业内尖端、前沿、最有市场的产品的研发，华为努力站在与国际跨国公司同一平台上，力争打破他们对高附加值的高科技产品的垄断。

1998年，华为在中国联通CDMA项目招标中落选了。经过复盘总结，华为人痛定思痛，一致认为导致招标出局的原因是在产品选型上的判断失误。当时电信设备商比较关注的3G产品有两个版本，一个是IS95版，另一个是2000版。华为公司认为，虽然IS95版性能相对稳定一些，但它只是过渡产品，最终要向2000版发展，而且2000版还可以向下兼容IS95版。于是，崇尚技术完美的华为人抛开IS95版，一心一意研究2000版。而当时2000版的芯片刚研究出来，性能尚不稳定，因此联通决定3G一期采用IS95版。

这件事让任正非认识到，在产品技术创新上保持领先固然重要，但并不是领先越多越好，领先竞争对手半步是最佳的选择，而领先三步就可能在一段时间里缺乏市场。

华为公司的核心价值观中，明确写道：在产品技术创新上，华为要保持技术领先，但只能是领先竞争对手半步，领先三步，盲目地在技术上引导创新世界新潮流，是要成为"先烈"的。

华为的说法不是危言耸听，而是从当时的IT泡沫破灭浪潮中总结出来的。

2000 年左右，欧美地区的 IT 泡沫大爆发，大量的通信企业牵涉其中，他们裁员、破产甚至倒闭，这次泡沫在世界范围内共计造成了 20 万亿美元的损失。他们的失败是因为技术落伍吗？恰恰相反，统计数据显示，泡沫中死掉的企业绝大部分并不是技术落伍而死掉的，而是技术太先进，他们的产品超出了市场的认知，以致没有消费者来买单，一方面产品卖不出去，另一方面，他们要承担大量技术研发产生的人力、物力、财力负担，这样的企业虽然有绝世赛车般的配置，却身陷龟速车流中，跑不起来，没有了竞争力，只能眼睁睁地等死。

后来，任正非要求华为研发团队坚持不研发"卖不掉的世界顶尖水平"，坚持"培养工程商人而不是培养科学家"。华为人认为，"技术是用来卖钱的，卖出去的技术才有价值。"为避免研发人员只追求技术的新颖、先进而缺乏市场敏感，华为公司硬性规定，每年必须有 5% 的研发人员转做市场，同时有一定比例的市场人员转做研发。

任正非用了一个非常形象的比喻："华为没有院士，只有'院土'，把'士'的下面一横拉长一点。要想成为院士，就不要来华为。""院土"就是任正非常说的"工程商人"。企业搞产品研发，不是搞发明创造，不是要破解哥德巴赫猜想，而是对产品在市场上的成功负责。

从 2000 年开始，华为对企业内部的工作流程进行了调整。产品立项后，就立刻成立一个由市场、开发、采购、制造、财务、服务、质量等人员组成的项目团队，这个团队从头到尾负责产品的整个开发过程，这样的产品因为综合了多部门的专业意见，进入市场后，能保证符合客户需要，还能保证原材料采购成本最低，安装、维护的便利性最强，质量控制最合理。华为把之前链条式的工作流程调整成了齿轮型的流程，所有相关部门以客户需求为中心共同滚动前进，之前的很多问题迎刃而解。

研发战略调整给华为公司带来了明显变化，过去搞技术的总是强调我有什么，如何好，你要不要；调整后，他们开始问你要什么，我来开发。这种随需而变的研发战略，赋予了华为强大的适应力。

当年，杨元庆去华为参观时，表示联想以后要加大研发投入，做高科技的联想，任正非以一位长者的口吻对他说："开发可不是一件容易的事，你要做好投入几十个亿，几年不冒泡的准备。"

如今，很多企业都在讲自主创新，他们在自主创新的时候总是企图做到世界第一，把对手甩出十八条街。华为的实战经验告诉我们，这种创新很狭隘，很主观，创新只有一个标准，那就是一切要以市场成功来衡量。超前的创新是劳民伤财，不值得提倡。企业很可能在贪图大创新的时候，被务实的对手淘汰。

· 经营智慧 ·

危机管理与狼性团队

任正非的脾气出了名的大。华为前副总裁李玉琢曾在书中披露："任正非的脾气很坏，是我见过最暴躁的人，我常看到一些干部被他骂得狗血喷头。有一天晚上，我陪他见一位电信局局长，吃饭到 9 点。在回来的路上我问他回公司还是回家，他说回公司，有干部正在准备第二天的汇报提纲。我陪他一起回了公司。

"到了会议室，他拿起几个副总裁准备的稿子，看了没两行，啪的一声扔到地上，'你们都写了些什么玩意儿'，于是骂了起来，后来把鞋脱了下来，光着脚，在地上走来走去，边走边骂，足足骂了半个小时。"

另有人披露，在一次中层干部会议上，任正非突然对当时的财务总监说："你的长进非常大，"总监的嘴角刚刚抬起来，就听见任正非一字一顿地说，"从特别差变成比较差！"这些"疾风暴雨"式的批评不是个案，而是华为创业初期的日常，任正非对很多高管都不留一点情面。

可以说，从一开始，任正非就给华为注入了狼性基因。

任正非自己批评高管，也欢迎高管对他直言不讳。

一位华为前高管曾回忆，在一次市场部高层讨论会上，大家正在讨论市场策略及人力资源方面的工作，任正非推门进来，开始发表观点："市场部选拔干部应该选择有狼性的干部，不能给某位干部晋升。"话音刚落，有位女性立马反驳："老板，你对他不了解，不能用这种眼光来看他。"任正非被噎，"那你们接着讨论吧。"然后转身离开。

后来，这位被任正非点名的下属升职为华为的高级副总裁。而这位直言敢谏的女性成了华为董事长。所谓惺惺相惜，孙亚芳也是军人出身，铁腕风范一点儿不逊于任正非。她被外界戏称"任正非背后的女人""华为国务卿"。

2000年9月1日，华为召开了一场特殊的"颁奖大会"，参加者是研发系统的几千名员工，几百名研发骨干被一个个点名到主席台"领奖"，奖品是几年来华为研发、生产过程中，因工作不认真、测试不严格、盲目创新等人为因素导致的报废品，以及因不必要的失误导致的维修所产生的各种费用单据等。当时每一个获奖者都面红耳赤，台下一片唏嘘，任正非要求每个获奖者把"奖品"带回家，放到客厅最显眼的地方，每天都看一看。

这场隆重的"颁奖大会"实际上是华为一场深刻的自我批判活动，任正非说："只要勇于自我批判，敢于向自己开炮，不掩盖产品及管理上存在的问题，我们就有希望保持业界的先进地位，就有希望向世界提供服务。"

正是在这种自我批判的过程中，华为才一步步成了今天的华为。

什么是狼性？对别人狠，对自己更狠。优秀的人，都敢于对自己下狠手！身在华为，必须自己够狠，不断地对自己狠一点，慢慢就有了狼性。

华为体量庞大，为防止公司僵化，激发团队的狼性，很多时候对于员工个体来讲显得不近人情。曾经有一篇《别了！华为8年理工女硕离职感言》在朋友圈刷屏。作者讲述了自己在华为研发体系就职的8年经历。文章中，她描述自己曾拥有过"挺尸而过的鸡血岁月"，也被锤炼成"女汉子"。在她眼中，华为公司"多年来自上而下一脉相承，带着军队的色彩"；团队作战宛如"群狼共舞"。华为激发狼性的做法好比"长勺一直在华为的大锅里搅动，谁都别想安分"。

2018 年 1 月 17 日，一份来自华为内部的《对经营管理不善领导责任人的问责通报》再次引起了媒体的注意。该通报显示，因为"部分经营单位发生了经营质量事故和业务造假行为"，华为对主要责任领导做出问责：华为创始人任正非罚款 100 万元；华为副董事长、轮值 CEO 郭平、徐直军和胡厚崑分别罚款 50 万元；华为常务董事李杰罚款 50 万元。

在华为，所有岗位都拒绝"南郭先生"。任正非要创造一种环境，使拔尖的人才脱颖而出，让敢于批评公司的体验官优先晋职晋级。任正非只占华为 1.4% 的股份，其他 98.6% 的股份为 6 万多名华为员工持有；华为是中国平均年薪最高的民企。给员工这么大的物质激励，就是要在重赏之下呼唤狼性。

开拓海外市场，既没有渠道，也没有经验，甚至不知道从何处入手，华为靠什么闻名世界？靠狼性团队。当任正非执意要挑战跨国巨头时，对手说他自不量力；当任正非提出要做世界顶级公司时，别人说他异想天开。最后，他发展了一批"野狼"，让华为成为跨国巨头最危险的竞争对手。

华为 30 余年成长史，其实就是凭借狼性，不断从虎口夺食的过程。1876 年创立的"百年老店"爱立信，曾经视华为作草芥，后来被华为干掉了 4 任总裁。华为靠什么？靠狼性团队。技术最难、位置最偏远或薄利的项目，爱立信不干，华为干！无论是地震、海啸，还是战火纷飞，华为"野狼"第一个到达现场，也坚守到最后。

一度赶超微软成全球市值最高公司的通信巨头思科，在过去 10 多年的时间，做得最多的就是想各种办法打击华为，任何能够阻止华为的事，思科都愿意倾尽全力去做。华为在与思科的交锋中，从"蚁人"变"狼人"，态度也越来越坚决，到最后华为也用法律武器和传媒进行反击，集中攻击思科"利用私有协议垄断市场并阻止竞争"。

饲养过狼的牧民们都知道，狼吃食物的时候，任何人都不能靠近。一旦靠近，狼就会发动疯狂的攻击。狼吃食物时的这种本能表现就是因为在狼的头脑中存在着危机意识。无论在草原、森林，还是在雪原，狼要获得食物都要经过艰苦的努力，甚至要付出生命的代价，它们保卫自己的食物就相当于保卫自己的生命。任正非之所以千方百计呼唤狼性，推行狼性文化，归根结底在于其根深蒂固的危机意识。华为日益壮大，但任正非心中的恐惧始终如影随形。

1997年圣诞节，任正非去美国走访了一圈，他近距离接触了IBM、思科等一批著名高科技公司，在这个过程中，他深刻意识到了华为与这些国际巨头的距离。回国后，任正非在华为内部开启了一场持续5年的大变革，自此，华为进入了学习西方成功经验、反思自我、提升内部管理的阶段。

在华为高速发展，全体华为员工士气高昂的2000年年底，任正非抛出了《华为的冬天》一说，提醒华为的员工"萎缩、破产一定会到来"，从此之后，《华为的红旗到底能打多久》式"狼来了"的喊话就一直没停。在国内企业界，敢于把自己往绝境上"逼"的企业家凤毛麟角，更多的企业家喜欢向员工描绘美好的"远景"，希望能够借此激发员工的想象力和创造力，而任正非就是这么与众不同，用危机意识给正走在坦途上的全体华为员工泼一盆盆冷水，逼着他们去创造下一个奇迹。

《危机管理》一书的作者菲特普指出，现代企业不可避免地要面临危机，就如人不可避免地要面对死亡。危机就像死亡一样是管理工作中不可避免的，所以必须随时为危机做好准备。

任正非似乎就是这么"视死如归"："创业10年来我天天思考的都是失败，对成功视而不见，也没有什么荣誉感、自豪感，只有危机感。也许是这样才存活了10年。我们大家要一起来想，怎样才能活下去，也许才能存活得久一些。失败这一天是一定会到来，大家要准备迎接，这是我从不动摇的看法，这是历史规律。"

危机不可避免，而对付危机的最好办法就是要像狼一样随时保持警惕。在他看来，狼有很好的危机意识，有敏锐的嗅觉，习惯团队作战，能够发现机会并且死死咬住，不会轻易放弃。所以，他才要提倡狼性文化，让华为充满自强不息的活力。

· 企业文化 ·

以客户为中心，以奋斗者为本，长期艰苦奋斗

任正非曾坦诚："进了华为就是进了坟墓。"2006年5月，华为员工"过劳死"事件，引起了媒体的关注，网民纷纷指责华为应对胡新宇的死亡负有责任，矛头直指公司的绩效考评和不合理的加班制度。

2016年，自媒体平台再次曝出一封华为离职工程师的公开信，讲述自己原本拿着高薪，因为不愿意调到海外艰苦地区，被公司辞退，收入降低，房贷要还，孩子要养，压力巨大。公开信曝出，很多人骂华为不人道。对此任正非的回应得到了网友支持："大家不奋斗华为就垮了，不可能为不奋斗者支付什么。30多岁年轻力壮，不努力，光想躺在床上数钱，可能吗？"

多次引发争议，华为艰苦奋斗的企业文化却似乎一直未变。飞短流长终究不及现实竞争的残酷。

华为是中国最优秀的企业之一，2017年华为在智能手机的发货量突破了1.5亿台，全球份额突破10%，稳居全球前三，而在中国市场华为的份额更是突破了20%，2017年华为的销售收入在6000亿元左右。这么有钱的华为，却没有把任正非推进个人财富榜。为什么？因为他把钱都分给了员工，任正非的财产还不到"亚洲首富"马云的十分之一。

任正非舍得分财，不是因为他不爱钱，也不是因为他慈善，他这么做的目的，无外乎是让员工"拿人手短"，更加卖命地为华为奋斗。他舍得分钱，也是有前提的，员工必须把华为当作自己的事业去奋斗。你可以冲着高薪来华为，但必须有为华为"献身"的心理准备。

1996年，华为出炉了《华为基本法》，其中有两条令人瞠目结舌的规定：实行员工持股制度，作为企业的创始人，任正非只持有1%的股份；在技术开发上保持持续投入，将每年销售收入的10%用于科研开发。

在2014年的一次会议上，任正非提出，华为呼吁英雄，"不能让雷锋吃

亏"。这一年，华为出版了《以奋斗者为本》一书，以任正非的讲话、企业内部的管理制度、会议纪要等为主体内容，揭示了华为的人力资源管理纲要。

任正非说："艰苦奋斗必然带来繁荣，繁荣以后不再艰苦奋斗，必然丢失繁荣。"相对于创业，任正非更担心守业。

不过，很多人对华为的艰苦奋斗有所误解。如果你以为"垫子文化"就是华为的艰苦奋斗的全部，就大错特错了。在员工福利的硬件设施上，华为早就实现了五星级的住宿和办公标准，最近朋友圈也曝光了华为奢侈的食堂大餐。

任正非所言的艰苦奋斗，更多是思想保持艰苦奋斗，而不是要华为人为了吃苦而吃苦，给华为人分这么多钱，就是为了让他们不吃苦，解决后顾之忧，勤于创新，在思想上保持艰苦奋斗。

任正非教育员工，在这个世界上除了懒汉、二流子之外，90%的人都在身体上艰苦奋斗，吃大苦耐大劳是人们容易理解的。但什么人能在思想上艰苦奋斗呢？并不为多数人所理解。科学家、企业家、政治家、种田能手、养猪状元、善于经营的个体户、小业主、优秀的工人……他们有些人也许生活比较富裕，但并不意味着他们不艰苦奋斗。他们不断地总结经验，不断地向他人学习，无论何时何地都有自我修正与自我批评，每日三省吾身，从中找到适合他们前进的思想、方法……从而有所发明、有所创造、有所前进。

华为创业初期，只有五六个研发人员，正是秉承着 20 世纪 60 年代"两弹一星"的艰苦奋斗精神，成功攻关。这种精神赢得了华为的飞速发展和一时的繁荣，任正非深知创业难、守业更难的道理，他忠告华为人，繁荣的背后，处处充满危机，华为人必须保持艰苦奋斗的传统，艰苦奋斗的精神什么时候都不能丢。除了象征艰苦奋斗精神的"垫子文化"，更重要的是不断图变的危机意识。

任正非为什么要提倡思想的艰苦奋斗呢？原因很简单，客户的需求随时都在变。而华为的成功，只有一个检验标准，那就是能否快狠准地满足他们的需求。

多年前，在多次与某欧洲老牌电信运营商沟通过程中，任正非发现，他们最怕的是设备买回来几年后，供应商倒闭了，设备没有人来升级、维护，就成了垃圾。因此，他们在采购的时候会把对方有没有办法提供稳定、持续的售后服务作为一个重要的判断标准。发现这一点后，任正非积极部署提升华为综合实力，保证能为客户提供持续稳定的服务，并进一步要求华为人能够在最短时间内响应客户的需求。

任正非特别提醒华为人："中国的技术人员重功能开发，轻技术服务，导致维护专家的成长缓慢，严重地制约了人才的均衡成长，外国公司一般都十分重视服务。没有良好的服务队伍，就是能销售也不敢大销售，没有好的服务，网络就会垮下来。"

华为打败欧洲电信巨头的秘诀，其实是超凡的快速反应，而代价就是艰苦奋斗。欧洲人福利待遇好，工作与生活分明，工作以外的时间一般不再谈工作，更别提加班了，而在华为加班加点工作是常事。华为人的工作与生活基本上没有什么区分，有时候为了一个单子可以不回家过年，甚至老婆生孩子都顾不上。有任务就立即顶上去已经成了华为人的工作习惯。

任正非曾经说："以顾客为导向是公司的基本方针，为了满足用户的要求，我们还会做出我们更大的努力。我们没有国际大公司积累了几十年的市场地位、人脉和品牌，没有什么可以依赖，只有比别人更多一点奋斗，只有在别人喝咖啡和休闲的时间努力工作，只有更虔诚对待客户，否则我们怎么能拿到订单？"商场来不及幻想，你比人家落伍，还不想奋斗，可能吗？

跟励志无关，跟打鸡血无关，为客户服务是华为人艰苦奋斗的唯一理由，已经成为华为最基本的价值观。没有了客户，企业就失去了立足之本。以客户为中心，以奋斗者为本，长期艰苦奋斗，是华为永恒不变的企业文化。

· 领袖魅力 ·

声名显赫而又低调如谜

深夜机场排队打出租车、食堂排队打饭、出差坐经济舱、身着草帽短裤活跃在田间地头、自己拎着月饼挤地铁……随着自媒体的发达，这两年偶遇任正非的故事多了起来。人们这么热衷分享任正非的私生活，无非是因为他太低调了。

关于他的低调，民间有两个传得绘声绘色的故事。

一个风和日丽的下午，在华为公司总部，两个女职员在电梯里抱怨着公司财务制度上的一点小问题。她们注意到电梯里还有一个面貌敦厚的长者，但她们当时并没有当回事，因为这个人太普通了。这两个女职员第二天被告知，她们所抱怨的那个问题已经解决。她们惊问为什么，对方告诉她们是任总亲自打来电话交代的。

有一次，任正非去参加一个大型的国际通信设备展览会，香港一家电信公司的CEO走到任正非的面前交换名片，任正非谦和而有礼貌地做出回应，这位CEO回到宾馆的客房整理手中那一叠厚厚的名片时，竟惊奇地发现一张华为总裁任正非的名片，他怎么也不敢相信自己的眼睛：我跟任总交换过名片？原来他把那位穿着朴素、和蔼可亲的老人当成了一位普通的参展客户，这让他错过了与任正非总裁面对面交流的机会，令他十分后悔。

从1988年华为成立至今，30余年来，一方面是华为企业一路高歌猛进，各种好消息充塞国人视听；一方面是华为创始人默默无闻，让媒体费尽心思采访而不得。华为企业的华丽形象和任正非本人的低调形象，放大了人们的好奇心。

任正非越低调，越吸引大家的关注。任正非越低调，华为就越受关注。有关他的故事多是来源于华为公司唯一对外的窗口——《华为人报》，而种种关于任正非和华为的评说大多只是人们的分析和猜测。对于外界的评论无论是对是错，任正非和华为都极少回应。

华为声名鹊起的时候，很多人都在乱讲：华为干得这么好，是有背景。任正非没有回应，也没有让华为人去公关，他说："只要我们坚持努力，身份最终会被证明的，没有必要费劲去解释身份，而放弃了生产，放弃了销售，放弃了赚钱，那我们怎么活下去？"

也正因为任正非的不回应，让华为成了中国企业界最令人捉摸不透的公司。

一个人成功并不可怕，可怕的是成功了还很低调地保持努力。相比目前个别崇尚奢华招摇的企业家，低调毫不做作的任正非，格外让人佩服。不带着投机心理做事，踏踏实实自主研发，一步一个脚印，不炒作，不靠明星拉流量，这在互联网+、虚拟经济盛行的年代，弥足珍贵。可以说，任正非是务实派传统企业家的写照。

一个人的低调源自拥有成熟的价值观和丰富经历后练就的心理素质。经历够多，心理够成熟，才能真正耐得住寂寞，看淡名利和抵住流言蜚语。

任正非说过："我已习惯了我不应得奖的平静生活，这也是我今天不争荣誉的心理素质。"从小就过苦日子，经历过"文革"，当过兵进过国企，43岁创业，30余年带领华为南征北战、驰骋国际，敌人随时要把华为打倒，任正非的经历真的可以用一句"过尽千帆皆不是"来形容，没有什么值得他去"高调"。

因为拒绝采访，任正非在媒体界无故"树敌"。面对媒体人的抱怨，任正非说："我为什么不见媒体，因为我有自知之明。见媒体说什么？说好恐怕言过其实；说不好别人又不相信，甚至还认为虚伪，只好不见为好。因此，我才耐得住寂寞，甘于平淡。我知道自己的缺点并不比优点少，并不是所谓的刻意低调。媒体记者总喜欢将成绩扣到企业老总一个人头上，不然不生动，以虚拟的方法塑造一个虚化的人。

"我不认为自己像外界传说的那样有影响力，但是很敬业、无私、能团结人。这些年华为有一点成绩，是在全体员工的团结努力，以及在核心管理团队的集体领导下取得的。只是整个管理团队也很谦虚，于是就把一些荣誉虚拟地加到了我的头上，其实难副。"

可以看得出，任正非不是在刻意低调，他的低调是不想让个人风头毁了华为企业的美誉。尽管这一切并不在他的掌控中。

任正非的低调行为，为华为乃至整个中国企业界树立了标杆。华为的企业形象因为他的个人形象而卓尔不群；在国际上，外国人和竞争对手也因为任正非的低调和华为自主研发精神而对整个中国企业刮目相看。

2005 年，任正非被美国《时代周刊》评为"影响世界的 100 位名人"，他是唯一入选的中国企业家。《福布斯》杂志这样评价："任正非是一个很少出现在公众视野中的人物，却是国际上最受人尊敬的中国企业家。"

在国外，任正非的知名度远高于"双马"，马云任性，马化腾青涩，任正非靠技术起家，在通信领域已做到世界第一，有真正话语权，再加上本人低调内敛，非常符合西方人对东方神秘含蓄的心理印象。

任正非的低调，早已由个人行为，变为华为的品牌精神。他是华为的标签，时代的标签，中国企业家的标签。

· 商业真经 ·

任正非经典语录

1. 什么叫成功？是像日本那些企业那样，经九死一生还能好好地活着，这才是真正的成功。华为没有成功，只是在成长。

2. 我们要用最先进的工具做最先进的产品，要敢于投入。把天下打下来，就可以赚更多的钱。

3. 华为最基本的使命就是活下去，这也是每个公司的生存法则。

4. 我不认为摔倒可怕，可怕的是再也站不起。

5. 规则在此，所有的人都朝着一个目标聚焦去努力，这叫"力出一孔"；企业大了，很多人开始损公肥私，在公司身上割肉，那企业肯定完蛋，因此还要"利出一孔"。

6. 美国在电子信息技术上过去绝对强势，未来几十年，美国还具有相对优势。华为这棵小草不可能改变时代列车的轨道，但小草在努力成长，我们也希望自己能脱胎换骨，从小草变成小树苗。这一点我们正在向西方学习很多管理，正在改变自己。我们的改变有没有可能成功呢？还是要看我们自己。所以我们最大的敌人不是别人，就是自己。

7. 我天天思考的都是失败，对成功视而不见，也没有什么荣誉感、自豪感，而是危机感。失败这一天一定会到来，大家要准备迎接，这是我从不动摇的看法。这是历史规律。

8. 企业就是要发展一批狼，狼有三大特性，一是敏锐的嗅觉；二是不屈不挠、奋不顾身的进攻精神；三是群体奋斗。企业要扩张，必须有这三要素。

9. 面对客户要说真话；面对上级不说假话，不搞假动作，浪费太大，作风太差；面对同志要襟怀坦白，心直口快，直言不讳，善于磋商。这样就会产生真实为客户服务、创造价值的解决方案。

10. 高级干部内心强大的表现是经得起批评，真金不怕火炼。世界上肯定会有不同意见，我们一定要有战略自信，这个自信首先是不怕别人批评。

11. 你都没有去过世界，哪来什么世界观？这句话很精彩；到管理一线去，真正体会梨子的味道；到实践中去取得成功的经验，为担负更重要的担子取得资格。

12. 公司运转依靠两个轮子，一个轮子是商业模式，一个轮子是技术创新。

13. 冬天总会过去，春天一定来到。我们乘着冬天，养精蓄锐，加强内部的改造，我们和日本企业一道，度过这严冬。我们定会迎来残雪消融，溪流淙淙，华为的春天也一定会来临。创业难，守成难，知难不难。高科技企业以往的成功，往往是失败之母，在这瞬息万变的信息社会，唯有惶者才能生存。

14. 评价一个人，提拔一个人，不能仅仅看素质这个软标准，还是要客观地看绩效和结果。德的评价跟领导的个人喜好和对事物认识的局限性有很大的关系。绩效和结果是实实在在的，是客观的。

15. 创新，就是"鲜花插在牛粪上"，华为就是牛粪，人家的东西就是鲜花，牛粪给鲜花提供营养。继承就是牛粪，创新就是鲜花。

16. 企业是功利性组织，我们必须拿出让客户满意的商品。

17. 一定要在战争中学会战争，一定要在游泳中学会游泳。

18. 知识是劳动的准备过程，劳动的准备过程是员工自己的事情，是员工的投资行为。

19. 你聚焦在太阳下烤，才知 CEO 不好当。

20. 公司要求每一个员工，要热爱自己的祖国，热爱我们这个刚刚开始振兴的民族。只有背负着民族的希望，才能进行艰苦的搏击，而无怨无悔。

21. 王小二卖豆浆，能卖一块钱一碗，为什么要卖五毛钱？我们产品的毛利，要限定在一定水平，太高或太低都不合适。

22. 世界上一切资源都可能枯竭，只有一种资源可以生生不息，那就是文化。

23. 我们呼唤英雄，不让雷锋吃亏。雷锋精神与英雄行为的核心本质就是奋斗和奉献。在华为，一丝不苟地做好本职工作就是奉献，就是英雄行为，就是雷锋精神。

24. 对于个人来讲，我没有远大的理想，我思考的是这两三年要干什么，如何干，才能活下去。我非常重视近期的管理进步，而不是远期的战略目标。活下去，永远是硬道理。

25. 自我批判是思想、品德、素质、技能创新的优良工具。我们一定要推行以自我批判为中心的组织改造和优化活动。自我批判不是为批判而批判，也不是为全面否定而批判，而是为优化和建设而批判。总的目标是要提升公司整体核心竞争力。

26. 我们公司的太平时间太长了，在和平时期升的官太多了，这也许就是我们的灾难。泰坦尼克号也是在一片欢呼声中出的海。而且我相信，这一天一定会到来。面对这样的未来，我们怎样来处理，我们是不是思考过。我们好多员工盲目自豪，盲目乐观，如果想过的人太少，也许就快来临了。居安思危，不是危言耸听。

27. 天上掉下一块东西，人们觉得只要是馅饼就已经喜出望外了，实际上天上掉下的是块金子。砸死了一批人。

28. 我们每层每级都贴近客户，分担客户的忧愁，客户就给了我们一票。这一票，那一票，加起来就好多票，最后，即使最关键的一票没投也没有多大影响。当然，我们最关键的一票同样也要搞好关系。这就是我们与小公司的区别，做法是不一样的。

29. 技术培训主要靠自己努力，而不是天天听别人讲课。其实每个岗位天天都在接受培训，培训无处不在、无时不有。如果等待别人培养你成为诺贝尔，那么是谁培养了毛泽东、邓小平？成功者都主要靠自己努力学习，成为有效的学习者，而不是被动的被灌输者，要不断刻苦学习提高自己的水平。

30. 人是有差距的，要承认差距存在，一个人对自己所处的环境，要有满足感，不要不断地攀比。你们没有对自己付出的努力有一种满足感，就会不断地折磨自己，和痛苦着，真是身在福中不知福。这不是宿命，宿命是人知道差距后，而不努力去改变。

成杰智慧评语

虽然任正非为人一直很低调，可他在中国商界却是难以忽略也不能忽略的存在。

任正非给公司起名叫华为，意思是中华有为，他是要告诉外国人，你们能做的东西，我们不仅能做，而且能做得比你们好！华为起这个名字，并不是为了绑架中国人买，而是希望未来能做大做强，让外国人也买华为的产品。

在150多个国家超过20亿人每天使用华为的通信设备，也就是说，全世界有三分之一的人口在使用华为的服务。华为七成的营收来自海外，它可谓是中国最国际化的企业，"中华有为"，任正非说到并且做到了。

华为是中国最成功的企业之一，是中国为数不多的千亿规模的企业之一，华为难以被忽略，对华为影响至深的任正非自然无法被忽略。另外，除了在市场上的影响力的加持外，任正非本人就是经营教科书，他主导的华为文化、华为战略，对中国企业界影响深广，他脑子里的东西也难以让人忽略。

2003 年，财经作家程东升用一年多的时间写出了轰动一时的《华为真相》，一石惊起千层浪，社会各界掀起了向华为学习的热潮，向华为学军队管理，向华为学狼性文化，向华为学危机意识，向华为学奋斗精神……

向华为学习在企业界喊了好多年，华为的狼性文化也是现在众多企业推崇多年的一种企业文化。大家都在学，但真正学成的企业寥寥无几。

任正非认为，企业发展就是要发展一批狼。因为狼要让自己活下去有三大特性：一是敏锐的嗅觉；二是不屈不挠、奋不顾身的进攻精神；三是群体奋斗的意识。很多企业也从这三点入手去要求团队，可执行效果却大打折扣，这是为什么呢？因为这些企业只学习了表面，没学到精髓。

你给员工吃肉，员工就是狼；你给员工吃草，员工就是羊。任正非狼性管理的前提是舍得。任正非只拥有华为 1.4% 的股份，其余 98.6% 的股份被 6 万多名华为员工持有。除了股份外，华为的薪资在中国也是首屈一指。再来看华为 2017 年财报，数据显示，员工人均薪酬接近 70 万元！

华为人说："虽然我们睡得少，但我们挣得多。"离职创业的前华为人说："在华为干活和创业的一样累，但是赚的钱比当老板还要多。"而任正非则说："什么是人才，我看最典型的华为人都不是人才，钱给多了，不是人才也变成了人才。"

一个企业家愿意跟别人分钱、分名、分利、分舞台（所谓分舞台就是给别人空间，给别人机会，给别人发挥自我的地方），这是一种胸怀。分享是一种格局，分享是一种情怀，人类的伟大在于懂得分享。经营人心的秘诀就是分享。

第 5 章
马化腾

重点提示

创业故事：四处借不到钱，差点卖掉 QQ

商业模式：免费的午餐，昂贵的晚饭

竞争理念：别人做过了，我们再来做更好

经营智慧：五虎将与内部赛马机制

企业文化：一切从创造用户价值开始

领袖魅力：斯文外表，铁血内心

商业真经：马化腾经典语录

成杰智慧评语

· 创业故事 ·

四处借不到钱，差点卖掉 QQ

聊天、刷朋友圈、购物，我们用微信；听歌，我们用 QQ 音乐；看电影，上腾讯视频；玩游戏，首选《王者荣耀》。这些都是属于腾讯的产品，而它们发源于一个叫作 OQ 的聊天工具。21 世纪伊始，QQ 一度很火，曾经是"上网"的代名词。

然而，鲜为人知的是，1998 年，QQ 之父马化腾却因为没钱，而一度要卖掉自己的这个"儿子"。QQ 上线不久，用户数量就突破百万，前途无量，但就是不赚钱，用户涨得太快，马化腾连买服务器的钱都没有。

为了凑钱养活 QQ，马化腾和创业小伙伴兼职接了很多私活，但都无济于事。无奈之下，马化腾多次借钱，没有任何人肯投资。

他找过自己的房东深圳赛格集团，也找过银行，还找过投资商，大家的想法都很一致，QQ 是个没法赚钱的破软件，还是个填不满的坑。而马化腾根本都没有什么固定资产，连吃饭的工具——电脑都没几台，所以大家都拒绝他。

于是，马化腾和现在很多年轻创业者一样撂挑子了："大不了老子不干了！老子卖掉它！"

马化腾还真找到了买家，差一点，马化腾就跟深圳电信局达成一致。他喊价 100 万元，人家只肯出 60 万元。60 万元，在当时是个不小的数目，但马化腾最后不干了，这点钱他看不上。

小马哥出身很好。马化腾 1971 年 10 月 29 日出生于广东汕头地区（前汕头专区）潮南成田镇家美社区家一村，其父马陈术曾担任交通部海南八所港务局副局长，深圳市航运总公司总经理，深圳市盐田港集团有限公司副总经理等，1997 年还曾为盐田港上市公司的董事，至退休。

虽然家境好，但马化腾的创业资本更多是来自自己的积累，这就是骨气。事实上，1998 年马化腾创办腾讯公司的时候父母并不支持："你一个书呆子还可以去开公司啊！"

马化腾也很清楚自己的短板，于是他就找了好伙伴来弥补自己的短板。张志东是学霸，实践能力、工程能力很强；陈一丹是出入境检疫局出来的，对政府接待、行政、法律很了解；曾李青长得就像老板，有气场，出去交际应酬；深圳电信数据分局出来的许晨晔，非常随和，是有名的"好好先生"，是创始团队的黏合剂。他们后来被称为"腾讯五虎将"。

在创业腾讯之前，马化腾在当时全国知名、深圳最大的寻呼公司——深圳润迅通信发展有限公司上班，他是一名普通的软件工程师，月薪不到 2000 元。其他几位在事业单位的合作伙伴，收入就更少了。而当时《公司法》规定，要成立一家公司，必须具备最少 50 万元的注册资本。那么，马化腾是如何凑到这笔启动资金的呢？

马化腾是计算机高手，他用自己的技术赚到了人生第一桶金。早在深圳大学计算机系求学期间，他就在编写软件和研究计算机网络中体会到了乐趣。网络普及之前，慧多网在小圈子里很出名，马化腾就是早期的站长之一。在混网络圈的时候，马化腾认识了网易的丁磊，丁磊对他启发很大。

马化腾的第一桶金来自大学的毕业设计。1993 年毕业前夕，他设计了一个"股票分析系统"，不久有个公司看中了这款软件，当时马化腾和家人都不知道这软件值多少钱，就让对方出价。后来，对方给了马化腾 5 万元。

钱来得似乎太容易，马化腾决定利用自己的优势，继续掘金。马化腾随后又设计出了升级版软件——"股票接收系统"，并找了一位同学负责硬件。"股票接收系统"的作用是让炒股者可以借此在电视上实时查看股票行情。这套售价 1000 元 ～ 2000 元的装置，很受欢迎，马化腾因此又赚了几万元。本来可以大赚一笔的，但是负责硬件的同学要出国，项目被迫停下。

当时深圳炒股几乎成为一项全民运动。马化腾也参与其中，1994 年，马化腾将开发软件赚的 10 万元投入到股市中，随着股价的大涨，马化腾的 10 万元变成了 70 万元，为创业打下了基础。

自己赚过 70 万元的人，当然看不上别人的 60 万元收购价。当时在深圳，像腾讯这样的公司有上百家，马化腾能在关键时候坚持下来，很令人敬佩。也多亏小马哥是有眼界的人，不然没有 QQ 和腾讯帝国，中国网民的幸福指数就要大打折扣了。

创业艰难，但天无绝人之路。1999 年下半年，在丁磊的建议下，马化腾改了 6 个版本、20 多页的商业计划书，重新开始寻找国外风险投资，最后碰到了 IDG 和盈科数码，融到 400 万美元。用这笔资金，马化腾购买了 20 万兆的 IBM 服务器，腾讯从此开启了万里长征。

· 商业模式 ·

免费的午餐，昂贵的晚饭

都说"天下没有免费的午餐"，但互联网的出现，打破了这一说法。互联网时代有一个独特的商业现象——免费，从最早的雅虎，到后来的谷歌、脸书，再到中国的腾讯、百度，都是靠这种模式起家的。免费模式，做得比较得人心的是腾讯，这也是腾讯屹立不倒的"秘诀"之一。

2001 年，新浪、搜狐、网易等网络公司已经做成规模，并获得了资本支持，也有了自己的收费业务。而腾讯 QQ 坐拥 2 亿注册用户，却没有好的变现能力。QQ 的先驱 ICQ 也是因为没有找到盈利模式，才卖掉的。QQ 的注册人数继续以陡峭的曲线疯长，用户越多，意味着越要付出更多的成本。马化腾试过像互联网大佬们一样靠广告盈利，在 2000 年 7 月 25 日的新一版软件中，一个 banner（指网站页面的横幅广告）广告条被塞在消息接收端中。尽管腾讯的网络广告销售开展得很不错，但相对于每天新增注册用户 80 万的维护投入而言，那点网络广告收入可谓杯水车薪。

最致命的是融来的那点钱，眼看着就又要花光。马化腾准备再去国外融资时，美国爆发了互联网泡沫。原来是香饽饽的互联网公司，突然就成了投资人眼中的烫手山芋。IDG 和香港盈科都不愿继续投资腾讯。情急之下，腾讯先后找了新浪、雅虎、搜狐、网易这些门户大佬，希望他们接手跟投，但是这些大佬没有接盘的意思。

腾讯每天都在"快没钱了"的传言中度过。就在此时，移动梦网通过手机代收费的"二八分账"协议（运营商分二成、SP 分八成），被马化腾及时抓住了机会。

经过调研，腾讯的海量用户中是含有大量消费诉求的，只是腾讯一直没有找到收费的渠道。有了中国移动这个渠道商，腾讯迅速开展了收费会员业务，限制页面注册，并开展了移动 QQ 业务，一时间，腾讯成了移动梦网的骨干，在移动梦网中的份额最高时占据了七成。腾讯赚钱的速度和它当初注册用户的疯长速度一样，到 2001 年年底，腾讯实现了 1022 万人民币的纯利润。

自此，腾讯确立了"免费注册 + 业务收费"的盈利模式。

腾讯很快乘胜追击，推出 QQ 行、QQ 秀、欢乐豆等经典收费业务，同时开始布局网络游戏，吸引用户各种消费。腾讯最赚钱的项目之一 QQ 秀，是马化腾在网上偶然发现的商机。有一次，马化腾发现韩国推出了一种给虚拟形象穿衣服的服务，觉得很有意思，就把韩国的那套东西学过来，搬到了 QQ 上推广尝试。同时，他找了一些著名的手机和服装公司，例如诺基亚和耐克等国际知名公司，把他们最新款的产品让 QQ 秀用户下载。QQ 秀有这些公司提供服饰设计、手机等多种产品，很快风靡了 Q 族的世界，而腾讯没有为 QQ 秀的服装、饰品花费一分钱，可以用空手套白狼来形容了。

有海量用户做保障，盈利模式一旦确立，腾讯净利润不断翻倍。2004 年 6 月，腾讯在香港主板上市，马化腾彻底翻身，再也不用为资金发愁了。稳定的资本支持，使得腾讯可以进一步低成本研发新的增值业务。这些成本更低、体验更人性化的服务项目，反过来增加了用户黏性。依靠这些五花八门的增值服务，加上网络游戏，腾讯也终于可以和门户网站大佬们分庭抗礼了。

后来，微信这一利器研发出来后，马化腾只提出了一点要求：对用户免费。关于如何盈利，马化腾也早想好了：游戏盈利＋内容盈利＋O2O盈利＋功能盈利。微信的盈利模式几乎是QQ的翻版，只不过更加成熟了。

互联网巨头几乎都搞过免费模式，但是没有谁像腾讯这样盈利。凭借微信和QQ，腾讯占据着中国互联网最大的流量入口，每开发一项增值业务，都有众多的粉丝捧场，再加上与京东和实业企业的合作，如今的腾讯足以占据互联网和实体经济的半壁江山。

· 竞争理念 ·

别人做过了，我们再来做更好

腾讯公司的发展历程，一路都是从模仿走过来的。无论是社交软件、文娱音乐、网络游戏，还是移动支付，都有着借鉴的成分。

模仿，抄袭，腾讯一路被骂，2010年7月，工信部旗下主管的杂志《计算机世界》更是刊登了一篇封面头条批判文章——《"狗X的"腾讯》，把腾讯作为互联网公敌进行攻击。尽管后来《计算机世界》公开道歉，但腾讯"抄袭"的标签一时半会儿摘不下来了。

对于这些流言蜚语，马化腾的回应是："模仿是最稳妥的创新。腾讯所做的事情，只是别人做过了，我们再来做更好。"

长江后浪推前浪，前浪死在沙滩上。腾讯公司用实际行动印证了这句俗语。不怕早起的鸟儿有虫吃，就怕后来者居上。腾讯向行业佼佼者挑战，屡屡超越对手，甚至比对手做得更好。

ICQ是以色列四位大学毕业生制作出来的一种互联网聊天工具，ICQ是

"I Seek You"的谐音，意思是"我找你"，后来卖给了美国在线，估值4.07亿美元。1996年ICQ推出的时候，马化腾和创业伙伴都很感兴趣，1999年腾讯公司开始做QQ，当时，国内其实还有至少三家公司在模仿ICQ。到2000年，QQ击败了ICQ和其他模仿者。

其实，如果QQ完全抄袭，是不可能战胜ICQ的。QQ虽然借鉴了ICQ的模式，但推出了很多更讨中国用户喜欢的功能：比如，ICQ不能发送离线消息，QQ支持离线消息；ICQ用户信息是存储在用户电脑，而QQ是存储在服务器；ICQ没有群聊功能，而QQ的群聊功能非常火。

百度火了的时候，腾讯也开始做搜索。一开始，腾讯照搬百度的模式，百度有什么，就做什么。事实证明，完全拷贝是不行的，百度的搜索地位是不可撼动的，谷歌没有打败它，360也没有，腾讯更没有。不过，马化腾很快在搜狗身上学到了一个新技能：搜狗拼搜索拼不过百度，就拼浏览器，搜狗凭借输入法创新，迂回杀入搜索市场。于是，腾讯推出了QQ输入法，间接在搜索市场分了一杯羹。

网易凭借163邮箱，开启了中国互联网序幕。于是，腾讯推出了QQ邮箱。然而，很长一段时间内，QQ邮箱功能很差。一方面，腾讯内部没有人能把它做好；另一方面，用户的可选择性太多了，大家都觉得不值得大做。好胜的马化腾没有放弃这一块。2005年，马化腾花巨款购买了张小龙创业产品foxmail，顺道将张小龙团队招至旗下。天才张小龙加入腾讯后，先是凭借一个漂流瓶创意，拯救了鸡肋般的QQ邮箱，然后，又给腾讯带来了转型新武器——微信。

说到微信，又是一个借鉴产品。它的源头是Kik Messenger（一款跨平台免费信息发送工具）。2010年，Kik Messenger在美国像病毒一样传播，到年底，其用户突破250万。这一年，张小龙向马化腾发了一封电子邮件，建议做类似产品。而当时雷军的小米公司已经在做了。米聊比微信研发得早，发布得早，但最终还是败给了微信。

新浪、搜狐这些门户网站风光的时候，腾讯也没有放过门户网站这块大蛋糕。很多人都说，QQ一个聊天工具，做什么门户，马化腾不这么认为。为了打造"腾讯网",马化腾在门户采编领域大规模招兵买马,触发大门户之间频繁的人员跳槽。人才汇集的结果是,今天新浪、搜狐门户网站已谢幕,而人们时不时地还会看一下腾讯新闻。

2004年,酷狗在音乐播放界独领风骚。2005年,腾讯借鉴酷狗推出QQ音乐。最终,QQ音乐超过了酷狗音乐,成为中国用户活跃度最高的音乐播放平台。

2014年,支付宝成为全球最大的移动支付方,就在这一年,腾讯推出微信支付。其实,就在支付宝刚火的时候,腾讯已经着手模仿了,腾讯"抄袭"支付宝的财付通并不受市场欢迎。但是腾讯再接再厉,终于通过微信支付在移动支付领域占据了一席之地,这让支付宝无限恼火,却又无可奈何。

腾讯最招同行嫉恨的当属网络游戏。说起中国网络游戏的鼻祖,1998年创立的联众游戏平台,当之无愧。联众一度拥有两亿注册用户,占有在线棋牌游戏市场85%以上的市场份额,在新浪、搜狐等门户网站亏损缠身的时候,联众年净利润早早破亿。就是这么强势的联众,却被腾讯用了一年多的时间打败了。2003年,腾讯进入网络游戏行业,专攻棋牌类游戏,一开始联众并没有把腾讯放在眼里。但最终,QQ游戏平台依靠着广大QQ用户和更好的体验效果,成为国内互联网的游戏霸主。如今,网络游戏市场玩家中,已经没有了联众的名字。

在网络游戏市场中,腾讯后来居上,打败的可不止联众。开心农场火了,腾讯在QQ空间推出了QQ农场,开心网很快以10亿元人民币的价格被收购了;《跑跑卡丁车》火了,腾讯的《QQ飞车》来了;还有《QQ炫舞》《穿越火线》《英雄联盟》《QQ幻想》《QQ三国》《英雄杀》等,都是后进绝杀。

客观来讲,腾讯之所以敢于四处攻城略地,是因为此前中国知识产权意识比较薄弱,尤其是大部分互联网产品和游戏模式,从根上来讲,大家都在抄袭,很多都是从国外复制过来的。在互相抄袭、互相模仿的大环境下,腾讯凭借强大的产品研发能力,加上QQ、QQ空间和微信这三大超级流量入口,所向披靡。江湖上有句话:腾讯过处,寸草不生。

也有很多公司反过来袭击腾讯,但是没有成功的。因为没有哪家公司能做到像腾讯一样,把旗下的产品全部通过微信或QQ一键登录。

不过，尽管腾讯很厉害，也有失手的时候。QQ旋风、财付通、腾讯微博、SOHO贴吧、腾讯拍拍、腾讯管家、4399等这些产品，并没有取得理想的成果。

· 经营智慧 ·

五虎将与内部赛马机制

小米先研发了米聊，却被腾讯的微信抢尽了风头。据说雷军先是很郁闷，知道真相后，转为佩服。

很多人只知道张小龙是微信之父，却不知道的是，当时研发微信，腾讯内部有三个团队同时在做，谁赢了就谁上。最后广州做E-mail出身的团队赢了，成都的团队很失望，前后就相差1个月。

不仅微信是内部竞争的结果，腾讯很多游戏精品都是内部几个团队竞争的结果。

腾讯设有7大事业群：互动娱乐事业群（IEG）、移动互联网事业群（MIG）、网络媒体事业群（OMG）、社交网络事业群（SNG）、微信事业群（WXG）、企业发展事业群（CDG）、技术工程事业群（TEG）。其中，每个事业群都设有若干工作室，这些工作室为了推出精品而互相竞赛。单在游戏端口，腾讯就有8大工作室，在游戏部门会看见工作室内部各个BU（Business Unit，业务单元）收入差别很大，有的工作室可以分到2000万元，有的则不行。所以腾讯所有的游戏都是先内部厮杀，然后再内测、公测、试运营，做得好的才能得到流量。

比如，近来很火的游戏之一《绝地求生：刺激战场》。在推出这款游戏之前，有两个工作室在竞赛——光子工作室和天美工作室。天美工作室先推出《绝地求生：全军出击》，光子工作室为了赶在天美工作室之前，采用了三班倒的方式，300多人8小时制度轮流休息，结果终于赶在了天美前面把这款游戏做得更好，也因此赢得了这场内部竞争的胜利。

再比如，腾讯的王牌游戏《王者荣耀》的诞生也是如此。与《王者荣耀》同时竞争的游戏叫《全民超神》。《全民超神》的玩法跟《王者荣耀》比拼失败，现在很少人知道这款游戏。

内部残酷竞争的方式，让腾讯在不断地竞争中变得越来越强大。

技术派出身的理工男马化腾，相对于其他爱作秀、乐于社交的IT大佬，最让人佩服的地方就在于他做事很务实。在马化腾看来，做事能力是评价一个人靠谱与否的唯一标准，任何人都不例外。你行你就做给大家看，你觉得别人不如你，那就比比看。

腾讯五虎将的QQ号，据说是从10001到10005。马化腾在创立腾讯之初就和其余4个伙伴约定清楚：各展所长、各管一摊，这样有效避免了彼此争夺权力。马化腾是CEO，张志东是CTO（首席技术官），曾李青是COO，许晨晔是CIO（首席信息官），陈一丹是CAO（首席行政官）。

5个人凑齐的50万元创业资金中，"最有钱"的马化腾出了将近一半——23.75万元，张志东出了10万元，曾李青出了6.25万元，许晨晔和陈一丹各出了5万元。为什么是将近一半，而不是过半呢？马化腾其实出的资金是超过这些的，但是为了"不要形成一种垄断、独裁的局面"，他自愿降股，占股47.5%。虽然不要独裁，但马化腾还是坚持占大股，确保自己在关键时候的话语权。在他看来，搞平均主义，后期一定会出大问题。

马化腾在公众场合也坦诚过，他确实想跟好哥们一起均分股份，但还是理智战胜了情感，坚守住了原则，5人最终根据分工持有不同的股份。后来，创业团队有成员想购买股份，提高占比，马化腾也非常理智地说"不"了。他只有一个原则：股权必须和能力匹配，一旦不匹配就要出问题。马化腾在股权上的坚持，让腾讯多年来从未出大乱子。

从对待创业伙伴的态度上，我们可以看出马化腾一切以公司利益为重的管理态度。在腾讯，即便是元老，也得以能力大小、做事贡献来定地位。在腾讯，没有战功是很难过日子的，内部所有的高管都是打上来的，谁都不能惧怕竞争而坐享成果。

作为腾讯帝国的掌舵者，马化腾最怕的事情莫过于在腾讯待久了的人会变

"皮"。所以他希望整个管理干部的氛围是"非常饥渴的"。

马化腾说："如果说十几年过去了，很多同事加入公司时间也很长了，慢慢地'皮'了，应该主动积极地把位置让给下一代更主动积极的团队或干部上来带领团队。有些业务做得不是太好，回头看不是资金或资源没有给够，很关键的还是团队的精神，尤其是带团队的将帅相当重要，真的会有将帅无能累死三军的感觉，下面的同事会很失望，觉得公司为什么很多东西决策这么慢？在传统行业会有资金密集型扭转的机会，但移动互联网基本不太可能，因为这个市场不是拼钱，也不是拼买流量，更多是拼团队。

"我希望打破过去富二代的概念，希望大家成为闯二代、创二代，资源会给你，最终赢不赢一定取决于能不能做出精品，是不是 Be the best？过去很多业务摊得很大，其实 10 个都弱不如 1 个很强。否则一堆做不起来的东西，只能减分、分散精力。真的要下决心，做不好的我们要砍掉，关停并转。有些业务，以前自己做的，可能会转给投资公司，只要他做得好，持有股份 30%、20% 都可以转给他，不一定全部都放在自己手上。"

用马化腾自己的话来说，2010 年之前，腾讯的基因是封闭；2010 年之后，腾讯的基因是全面开放，"把半条命交给合作伙伴"。

腾讯不断颠覆自己，革自己的命，通过内部竞争，来迈向新台阶。腾讯会给你试错和展示自己的机会，但做得太差的东西，宁可砍掉外包给别人。这就是马化腾的经营之道。

· 企业文化 ·

一切从创造用户价值开始

有这么一个说法：管理一个大企业，马化腾可能比不过杨元庆，但是如果以同样的资金去创业，马化腾胜算更大。

为什么？因为竞争对手多半对商务、利润、资本感兴趣，却不一定能把握住客户的真正需求。马化腾的市场嗅觉非常灵敏，总是能精准抓住网民的心。

马化腾有一句名言："只有按照网民心态做事，才能推出更加符合用户需要的业务。"他还透露："腾讯初创的时候是一家非常小的公司，为了养活我们第一个 2C（to Customer，对消费者）的产品 QQ，我们当时甚至需要接一些 2B（to Business，对企业）的小生意。然而从第一天开始，我们几个创办人就非常看重用户的需求和体验。那个时候大家没日没夜地为用户着想，无论是听到用户的一点抱怨也好，还是网络的反响也好，我们根本就是二话不说，完全不用发号施令，大家会自发地去做调整和改进。

"我觉得，这种完全从用户价值出发的理念，感觉非常好。虽然创业阶段已经过去很久了，我们看到直到今天我们公司的产品里，整体上仍然保留着这种强用户导向的品质，用户的任何不满或者时间拖延，我们都会觉得很难受。我想，这是腾讯能够走得那么远的一个重要原因。"

当年，QQ 这个"李鬼"最后战胜了 ICQ"李逵"，就是因为马化腾把它变得更人性化，操作更加便捷。QQ 战胜 MSN（微软发布的一款即时通讯软件）也是同样，当时 MSN 的用户体验极差，出现各种 bug（漏洞）却没有人管。马化腾为了探讨用户体验，甚至亲自扮萌妹陪用户聊天。

腾讯的技术不是一流的，但用户体验一直是一流的。马化腾有个重要的观点：开发软件的意义就在于实用，而不是技术秀。他不客气地指出："许多软件技术人员往往对自己的智力非常自信，写软件只是互相攀比的一种方式，而我希望自己写出的东西被更多的人应用，也愿意扮演一个将技术推向市场的小角色。"

马化腾信奉的产品哲学包括四个要点：第一，不要强迫用户；第二，不要为了 1% 的需求骚扰 99% 的用户；第三，淡淡的美术，点到即止；第四，不要刻意地迎合低龄化。

在他的主导下，腾讯家族的产品有两个显著的特点："傻瓜化"和"不扰民"。关于"傻瓜化"，张小龙说过，最好的互联网产品是那些白痴也会用的产品。一个产品开发者在多少时间内让自己变成一个"白痴"，这是个能力。全世界这个能力最强的就是乔布斯，他 1 秒就可以变成白痴，马化腾是 5 秒，而张小龙自己是 15 秒。

注重用户体验，从用户价值出发设计产品和做服务，是腾讯的撒手锏。但近些年，"年事已高"的马化腾突然有了危机感："我觉得自己很老了，现在有些产品都看不懂了。美国的 Instagram（照片墙，一款移动端的社交应用），我投了点股票，说起来很后悔，因为当时这个公司还不到 1 美金的时候没投，公司只有几个人，当时副总裁看着说，这个公司不太靠谱吧，在靠近海边的一个玻璃房子，外面都看得见，扔个砖头就可以把电脑全拿走了，创始人也好像挺高傲。但后来他的数据增长不错，我们是在他 8 亿美金估值的时候才进入。我越来越看不懂年轻人的喜好，这是我最大的担忧。"

马化腾还在一次分享会中说，千亿级公司没落是很常见的事情。"人要清醒，别人不是打不赢你，外面掌声越热烈就越危险。真正的危机从来不会从外部袭来，只有我们漠视用户体验的时候，才会遇到真正的危机。"

为了解决这样的潜在危机，腾讯开始对业务部门进行最大限度的授权。马化腾相信，只有真正面向用户，离用户最近的人，才是最了解用户的人，才能做出最正确的判断。这与传统企业里大都是由领导定项目，员工去执行的程序是截然相反的。

腾讯对于业务部门的充分授权，一个重要体现就在于产品研发的充分自由权。在腾讯，一旦产品立项，高层会给执行部门充分发挥空间，整个研发阶段，研发人员完全可以甩开袖子干，并不受条条框框的束缚，所以腾讯的研发速度总是快到"不可思议"。高层的把关体验在产品验收环节和产品正式上线后的规范性条款制定。当然，高层并不是完全不管，一旦在旁观中发现问题，或者下属主动汇报问题，有经验的领导会在第一时间提出解决方案。

拿大家比较熟悉的微信做例子。微信刚开始设计的时候，张小龙和他的团队完全自主。微信是张小龙偶然发现的，他看到国外出现这些同类软件的时候，敏锐地意识到这在国内会有很大的市场。张小龙带领几个刚毕业的大学生，做出了微信的原始版本。在上线前，没人重视这款产品，等到上市后，反映强烈，腾讯的高层才高度重视，集体参与进来，倾中兵之力完善和打磨出了这款爆品。

凡是卓越的企业，都是解决问题的高手。世界上那些伟大的企业，正是因为解决了人类的普遍问题，而傲然立世的。与其说腾讯在不断改变我们的生活，不如说它一直在帮我们解决很多问题。腾讯是为数不多并真正做到了创造用户价值的一流企业。

· 领袖魅力 ·

斯文外表，铁血内心

"外表斯文略带羞涩的马化腾怎么可能成为一个企业家呢？"这是马化腾的父母、同学和老师对他的共同感慨。

马化腾的外表确实给人一种脾气好又斯文的感觉。

有这么一个广泛流传的故事。

有一次，腾讯召开一个重要的战略发布会，邀请刘强东、姚劲波和王兴来站台。会议定在上午10点开始，马化腾9点30分就到了贵宾室。按照惯例几位嘉宾都要早点到和东家马化腾沟通，但是，到了9点55分必须要进会场的时间，刘强东和王兴都没有来，只有姚劲波到了。所有的工作人员都开始着急起来，但是马化腾脸上并没有任何不快的表情。很多人都说刘强东和王兴太不给主人面子，但马化腾却没有那么想，后来腾讯和京东合作了。

如果因此说马化腾好欺负，他的竞争对手可不这么看，甚至评价他："在中国互联网，有一个人跟陈天桥、马云、丁磊、张朝阳、李彦宏5个人同时过招。他长相斯文行止儒雅，却被叫作'全民公敌'。"

还有这样一个传闻。

2004 年，风头正盛的陈天桥找到马化腾，建议两家公司合作，一统网络江湖。陈天桥开出的条件是，自己做董事长，马化腾做 CEO。

马化腾的回答是，我不用和你合作，两年后照样可以称雄互联网。可谓霸道十足。

还记得那场 2014 年春节期间的抢红包大战吗？很多人疯狂抢了很多次红包，还不知道腾讯为什么搞出这个活动。当时，腾讯推出"抢红包"活动，是向马云的支付宝开战，目的是增加和活跃支付用户数量，对支付宝构成冲击和压力。就连马云都形容"抢红包"是微信对支付宝发起的"珍珠港偷袭"。连马云这样强劲的对手，马化腾也并不害怕。

人红是非多。2006 年 5 月，马化腾一纸诉状，将掌中无限公司告上了法庭。2005 年，掌中无限推出了 PICA，一款高仿 QQ 的社交软件。腾讯告其侵权。而掌中无限反过来告腾讯涉嫌垄断和不正当竞争。腾讯继续应诉，直到打赢了官司。对于弱小对手和不良竞争者，马化腾更是毫不客气。

有人说，没有张小龙就没有微信，没有马化腾也没有张小龙，张小龙的古怪脾气，换一个老板早就把他炒鱿鱼了。网上流传着各种马化腾三顾茅庐请张小龙的段子：张小龙总是以"早上起不来"为借口不去参加会议，为了迁就他，马化腾就让自己的秘书一大早叫醒他；每周开例会的时候，马化腾派专车准时到楼下去接他；在公司，马化腾任由张小龙折腾。

如果由此就认为马化腾是一个暖男老板，那就大错特错了。

腾讯的产品经理曾经分享过一个故事：

有一次马化腾要求在页面上加某个功能，方便用户跳转。产品经理询问了技术人员，对方说根本无法实现，就如实汇报给马化腾。两分钟后，他接到了马化腾的 4 个字回复：你说什么？没有多余的话，就是这么简洁有力。产品经理和技术人员吓得赶紧想办法去了。

后来，马化腾可能也意识到产品经理被吓住了，就给他们送来了公司里的网页高手名单，让他们去求助这些人一起解决。

不怒自威，认事不认人，这就是马化腾的领导风格。

腾讯内部竞争一直很激烈。源自2006年MSN的挖角，不少优秀员工都被抢走了，为了防止此类现象发生，马化腾做出了决定：实行5%末位淘汰制，增加内部激烈竞争的氛围，改革奖金制度，避免员工拿到钱就跑。这种内部激烈竞争的氛围沿袭至今。

腾讯的帝国大厦，不是靠马化腾笑呵呵拿来的，在他斯文的外表下，一直有着强硬的热血。遇事不怕事，沉着应对，铁腕出击，腾讯正是有了这样一位沉着冷静的领导人，才走到了今天。

· 商业真经 ·

马化腾经典语录

1. 在我的生命中，除了工作之外，现实生活中其他事情很少能使我产生兴趣。我对任何事情都很专注，专注使我获得了前进的动力。

2. 千亿级公司没落是很常见的事情。人要清醒，别人不是打不赢你，外面掌声越热烈就越危险。

3. 玩也是一种生产力。

4. 人不是越多越好，人是分母，成绩是分子，加的每一个人，每一个精心挑选的人才能真正大于原有的平均值1，否则加得再多也永远小于1，永远大不过1的格局是很难扭转的。

5. 只有按照网民心态做事，才能推出更加符合用户需要的业务。

6. 将新技术作用在两个产业的跨界部分，往往最有机会诞生创新的机会，那可能是一片蓝海。腾讯的发展历史也是这样，当年做通信的没有我懂互联网，做互联网的没有我懂通信，所以我做起了当时的QQ，包括现在的微信。这就是抓到了一个跨界的点。

7. 坚持每天发现、修正一两个小问题，不到一年就能把产品打磨出来了。

8. 互联网是个变化很快的行业，竞争非常激烈。12年来，我最深刻的体会是，腾讯从来没有哪一天可以高枕无忧，我们每天都如履薄冰，始终担心某个疏漏随时会给我们致命一击，始终担心用户会抛弃我们。因此，我们一直奉行的信条是"一切以用户价值为依归"。我认为，这是腾讯能够一路走来、发展壮大的原因，也是互联网经济的核心要素之一。

9. 回顾腾讯10年业务的发展，其实就是慢慢地试，有信心，步子才会逐渐大一点。

10. 不管已经出现了多少大公司，人类依然处于互联网时代的黎明时分，微微的晨光还照不亮太远的路。在这个行当里，不管一家公司的盈利状况有多么喜人，也随时面临被甩出发展潮流的风险。

11. 我认为腾讯的成功，首先就是技术、产品和用户感要非常强。第二，团队稳健、股东架构稳健很重要。

12. 真正的危机从来不会从外部袭来，只有我们漠视用户体验的时候，才会遇到真正的危机。

13. 过去我总在思考什么是对的，但是未来我要更多地想一想什么是能被认同的。

14. 现在只要非核心赛道业务，别人能做的，我们就尽量让别人做。因为一个企业再大还是缺乏创业者的，把业务留给将所有身家性命都押在里面的人才是最好的选择，而不是让自己下面的部门跟他们死磕到底。

15. 不赔钱比赚钱更重要。

16. 第一人品很重要，第二看专业能力和配合能力、聪明度。这是我们选拔人才的原则。

17. 很多人评论说QQ邮箱最不像我们的产品，这也是我们有意而为之，让QQ邮箱保持最简洁、没有广告、最佳商用，而且有效率的形象。

18.（创业）初期运气占得比较重，至少70%。但是2001年之后主要还是靠自己。我也没有什么特别幸运的事，不幸的东西也挺多的，就是自己要去扛、自己想办法，后期要靠自己。

19. 品牌不是自己封的，一定要有实实在在的产品，满足到各个阶层的人，有口碑，他会给你这个品牌赋予很多内涵，自然会认可。

20. 要取得事业成功，必须花心思预测未来几个月甚至几年的事情。

21. 我的风格是：要务实和专注，永葆激情，求知若渴；要快速思考，坚定执行；要关注战略、速度与细节，亲力亲为。要像"小白"用户那样思考，并每天高频使用产品，不断发现不足，一天发现一个，解决一个，就会引发口碑效应。

22. 好产品不需要所谓特别厉害的设计，因为自我感觉特别好的人就会故意搞一些体现自己厉害，但用户完全不需要的东西，这往往是舍本逐末了。

23. 10个都弱不如1个很强。否则一堆做不起来的产品，只能减分、分散精力。

24. 腾讯这棵大树旁边不是寸草不生，而是一片森林。现在腾讯通过投资、入股和扶持，推动了几十个公司上市。

25. 回头看，最深的感受就是一个企业的责任，从最基础的让员工有成长，让用户有很好用的产品，更关键的是如何能够成长壮大之后带动生态的合作伙伴及行业进行和谐的发展，以及如何解决平台上安全的社会问题。

26. 我是软件工程师中的产品经理，最终要决定产品的走向、对用户体验的把握。所以我会花大量时间用这个产品，尤其是最核心的微信、QQ、E-mail，很多bug都是我找到的。

27. 对于产品经理最重要的能力，就是把自己变成傻瓜，发现问题，然后想为什么这样？然后变成开发者。一秒钟傻瓜，一秒钟专业。

28. 看不懂孩子的生意，错在你太老了。

29. 微信改变了人与人、甚至家庭生活，但你看我们吃饭时，一桌人都在玩手机，我们已经成了社交媒体的奴隶。包括对眼睛伤害很大，这一两年我都在换眼镜，颈椎也难受。

30. 腾讯历史上有三劫，一是初期存活，二是MSN之战，三是我们自己的微信。

成杰智慧评语

作为理工男出身的互联网技术派创业者，马化腾身上有很典型的特质：理性、务实。我们从以下几点就可以看出。

- 死磕到底 -

做任何事情都离不开坚持。这个快时代，很多创业者都在追求快步奔小康、坐火箭成功。互联网行业也确实催生了一批又一批新贵，但回头来看，其来也匆匆、去也匆匆。笑到最后的，还是马化腾等艰苦创业走过来的人。没有谁能一路躺赢，伟大都是熬出来的。

从 QQ 创业初期的艰难，坚持不下去的时候再坚持，到守业过程中被围追堵截，不惹事但遇事不怕事，马化腾让人佩服，他从来不画大饼，不讲宏伟蓝图，腾讯完全靠一步一步坚持走过来。他不是看到了希望才去坚持，而是坚持了才不断看到希望。从一开始很不起眼的互联网小兵，到现在的互联网巨头之一，可以说腾讯是一路稳步提升。

- 懂得变通 -

作为一个没有显赫背景的大学生创业者，马化腾清楚，在中国创业，一定要懂得变通。他的变通体现在两个方面：其一，政府公关。马化腾不是一个长袖善舞的人，但是腾讯是出了名的"跟党走"。创业一定要顺势而为，胳膊扭不过大腿，与政府建立良好关系，是创业基本功课。其二，循序渐进创新。很多人一心想吃个胖子，颠覆性创新和做第一哪有那么容易？所有的创新都是由80% ～ 90% 的模仿、10% ～ 20% 的创新组成的，模仿是创新的基础。

马化腾表示"我不争第一，没意义"。他只对"好东西"感兴趣，当大家在做同样的事情时，你做得比别人出色，这就够了。就连任正非都赞同马化腾的务实："那种满脑子大创新的人实在是幼稚可笑的，是没有希望的。"

- 舍得分钱 -

民间有句话说得好，只谈梦想不谈钱的老板都是耍流氓。马化腾不玩这一套。他对于创业伙伴的态度是，多给钱，少给控制权，以确保创业伙伴得到最大实惠，同时不妨碍企业大发展；对于合作伙伴，马化腾更是"把半条命交给合作伙伴"，有钱大家一起赚，分成说在明处；对于员工，马化腾采取的就是"重赏之下必有勇夫"的方式，靠内部竞争和自己本事去拿高奖金。把钱摊在明处，规则明确了，就会减少做事当中的龃龉。在这方面，马化腾做得坦荡又智慧。

- 技术派 -

赚钱的方式有很多，但是最幸福的莫过于凭着自己的兴趣和特长做事业。马化腾做到了，他干劲十足，底气十足，他这样的企业家令人心服口服。作为互联网大佬，马化腾的优点在于他从来不争"江湖地位"和控制权，不陷于口水战之中，始终埋头练剑，以开发拳头产品为要。

在互联网江湖，马化腾就像勤奋的练武之人，日日精进，最终问鼎。马化腾是公认的优秀产品经理，也是公认的优秀产品经理发掘者。刘炽平、张小龙等人都不是腾讯的创始团队人员，却成了腾讯支柱型高管。无论是自己亲自研发，还是发掘人才来研发，马化腾的目的很明确：就是靠实力说话，靠产品说话。

- 客户至上 -

万商不离其宗：客户。商业的本质，说到底都是服务客户，帮助解决问题的。离开客户，企业什么都不说。就像我经常说的：你能帮助多少人，就能成就多大的事业。马化腾一直都很清楚：客户真的是上帝！

网上有个有趣的段子：少年强则马化腾强，少女富则马云富。说的就是QQ靠年轻人起家，QQ的这个传统腾讯至今没丢。

世界最终是属于年轻人的，谁掌握了年轻人的需求，谁就掌握了未来。腾讯一直围绕年轻人的需求展开。腾讯的营收中，近50%是游戏贡献的，利润中超过一半是也是游戏贡献的，靠的正是年轻人；微信如今已成为国民App，但一开始也是年轻人带动的。年轻人在社会上发声不多，他们的能量都靠在网络世界发泄。自觉"老了"的马化腾，至今最头疼的事情，就是自己对年轻人的需求，不那么敏锐了。所以，和其他企业家不一样的是，马化腾现在最大的爱好就是和年轻人保持律动。

曾国藩说过：禁大言以务实。理想丰满，现实骨感。成大事者，一定要理性且务实。能确切地抵达梦想的，不是不顾一切投入想象的狂热，而是务实的、谦卑的，甚至连自己都看不起的隐忍和坚持。在这方面，马化腾非常值得企业家学习。

第 6 章

刘永好

重点提示

创业故事：被狗追，鸡蛋碎，刘永好哭了

商业模式：全产业链模式

竞争理念：不要惧怕和行业巨头竞争

经营智慧：知人善用，加强管控

企业文化：像家庭、像军队、像学校

领袖魅力：感恩之心离成功和财富最近

商业真经：刘永好经典语录

成杰智慧评语

· 创业故事 ·

被狗追，鸡蛋碎，刘永好哭了

1982 年，31 岁的中专老师刘永好，和兄弟一起白手起家创业，他们卖了手表、自行车和其他值钱家当，凑了 1000 元启动资金。

1951 年出生的刘永好，从小最大的愿望是"能吃上回锅肉"。他家有多穷，从一件事就可以看出来：两岁时刘永好的三哥刘永美，被过继到新津县顺江乡古家村陈姓人家，改名为陈育新。

家庭环境的拮据，让刘永好和他的兄弟们一直对赚钱充满渴望，创业的想法其实很早就有了，只是当时的条件不允许。改革开放以前是没有私营企业和个体户的。在那个"宁要社会主义的草，不要资本主义的苗"的年代，被打成走资本主义道路"坏分子"的个体户有很多。

1978 年改革开放后，万头攒动，大家都想创业。刘永好四兄弟也跃跃欲试。1980 年春节，刘永好的二哥刘永行在路边摆了一个修理电视和收音机的地摊，一星期赚了 300 元钱，四兄弟很震撼。

1980 年，刘永好四兄弟决定开个小厂，专门帮人组装和维修无线电。当时生产队恰好有空房，他们在那里装好一台样机，公社书记说他们走资本主义道路，不让干了，于是这次创业尝试以失败告终。

之后，刘永好一直没死心。1982 年，国家允许乡镇企业发展，联产承包责任制开始搞起来了。刘永好来到当过 4 年零 9 个月知青的古家村，申请以乡村企业的名义创业，村里同意了。随后刘永好又直接找到县委书记，县委书记很支持大学生毕业到农村搞养殖，把科技带到农村去。于是刘永好兄弟终于正式创业了。

然而，创业的艰难远远超过了他们的心理预期。

四兄弟都是大学毕业，当时都有铁饭碗，刘永好1976年被分配到成都机械工业管理学校当老师。一开始，他们利用下班之余，在自家阳台上养鹌鹑，靠卖鹌鹑蛋赚钱。后来，三哥刘永美率先"停薪留职"，下乡当起了"育新良种场"的场长。"育新良种场"就是希望集团梦想开始的地方，其主营业务是孵小鸡、养鹌鹑和培育蔬菜种。没有辞职的兄弟达成共识，如果事情不顺利，大家一起负责刘永美的生活。

刘永好主要负责采购，孵小鸡的鸡蛋是刘永好骑自行车到村里亲自收的。刘永好曾经回忆说："1000元创业金请了几个兄弟，请了几个农民当帮工，钱很少，住房又没有，福利待遇什么都没有，就帮我们做，我既当董事长又当总经理又当财务会计，又当驾驶员，当然是自行车的驾驶员。开（骑）着我的自行车收鸡蛋，到晚上11点收了一筐，结果走到一个店有狗追我，咬了我一口，车翻了，掉进了泥田里，全身上下除了眼珠是白的，其余都是黑的。我身上湿了不要紧，要紧的是我车里的鸡蛋只有一个是好的。我哭了，这是我的全部家当，我发现旁观有一个砖头，就向狗砍去，但狗比我跑得快，倒把自己的脚给扭了。"

被狗咬，并不是最可怕的回忆。1984年，创业刚步入正轨，就遭到了灭顶之灾，刘永好四兄弟连寻死的心思都有了。

当时，有一个客户向刘永好下了张大订单：10万只小鸡。对于他们来说，这绝对是超级大单。四兄弟以无法形容的兴奋之情，借款购买种蛋，孵出10万只小鸡。

打击来得太突然。交出2万只小鸡后，客户跑路，兄弟四人傻眼了。

"下单人的老婆跪在地上，让我们饶了他。看到这样子，我也没有什么好说的。但剩下8万只小鸡怎么办？我们又没有饲料，又赶上农忙时节，农民不会要的；借的钱又要马上还，我们真的是绝望了。"

当时，绝望的四兄弟一起商量，脑海中冒出从岷江的桥头跳下去，或者逃到遥远的新疆去躲一躲的念头。最后，他们还是决定扛下来。

白天，刘永好带着一竹筐鸡仔去农贸市场卖，农贸市场上的商贩们不让他摆摊儿，求了一天也没有卖成。晚上，刘永好向一位好心的大爷借了一个板凳，坐了一宿。第二天，商贩们看他实在不容易，给了他一个摊位，一竹筐的鸡仔总算是卖完了。

刘永好的三个兄弟也一样，连着十几天，每天凌晨4点起床，风雨无阻，蹬3个小时的自行车，赶到20公里以外的农贸市场，再用土喇叭扯起嗓子叫卖。8万只小鸡就是这样卖出去的。

1986年，四兄弟放弃了养殖业，转身投向了后来让他们功成名就的饲料行业。

1992年，希望集团成立。兄弟四人走上了不同的方向。刘永好和刘永行负责去各地建立分厂。他们将集团股份一分为四，每人各占25%。到1994年年底，希望集团在全国一共建立了27家分公司。

1995年，兄弟四人分家，分别去组建各自的公司。刘永言创立大陆希望公司，刘永行创立东方希望公司，刘永美创立华西希望公司，刘永好建立南方希望公司，后改名新希望集团。

虽然兄弟分家很遗憾，但自此公司走向了正规化之路，就刘永好而言，发展加速度了。分家后，刘永好的新希望集团逐渐延伸至四个领域：农牧与食品、化工与资源、房产与基础设施，以及金融与投资。农牧与食品领域有上市公司新希望股份；化工类通过ST宝硕登陆资本市场；金融类有民生银行作为后盾。1999年，刘永好以1.86亿元的资金陆续收购民生银行股份，成为最大股东，而在1982年创业初期，他们想从银行贷款1000元却遭到拒绝。

2001年3月11日，新希望农业股份公司在深圳上市。在此之前，私营企业上市，很多人做梦也不敢想。

· 商业模式 ·

全产业链模式

"成功没有一个绝对的标准。有很多企业都说，我们要在多少年内达到世界 500 强，我听到很多这样的话。在 15 年前、10 年前、5 年前，我都听到过这样的话。可是，说这句话的企业都已经没有了。越是要达到世界 500 强，倒下去的速度就会越快，你朝着这个目标不是脚踏实地去做的话，往往就奠定了失败的基础，失败的可能性就会更大。毕竟，你在进步的时候，别人也在进步。"

刘永好是有底气说这段话的人。作为第一代创业家，刘永好看了太多的失败，那些曾经和他一起领奖的人现在越来越少见了。36 年来，刘永好的新希望屹立不倒，始终保持着强劲的发展势头，一个重要的原因在于他很早就有了全产业链竞争意识。

"全产业链战略是大型食品和涉农企业发展的大趋势。"所谓全产业链战略，就是在横向方面会完善产品线，在纵向方面打造从源头到终端的产品链条。从经营的风险性上来看，从农田到餐桌的全产业链战，可以最大限度地保证食品的安全性，避免大企业在多元化发展过程中遭遇一损俱损的危机；从竞争层面来看，在实现全产业链的过程中整合资源，能够增加企业的核心竞争力。

关于全产业链，人们最先想到的可能是中粮。从收购蒙牛开始，宁高宁执掌的中粮集团，就一直致力于实现从低端的"米面油"向高端高附加值的"肉蛋奶"转变，一直到宁高宁离开中粮，全产业链的效果不佳。宁高宁的实验，某种程度上印证了单纯靠收购来快速实现全产业链，是有风险的。事实上，刘永好更早就在实践全产业链模式，和中粮不同的是，新希望更多靠自有产业来构建产业链。

刘永好很不喜欢别人动不动就给他戴上"大王"的头衔。当人们把刘永好看做"饲料大王""养猪大王"的时候，他已经开始产业链布局了。他的布局虽然没有脱离养殖业，但很早已经通过"农户 + 农社 + 农企"的合作方式，打通了饲料、种苗、养殖、肉食加工、销售市场整个链条。

从新世纪开始，刘永好就经常强调，做农业都不能太单一，太单一会导致规模上不去、赚钱难度太大。新希望首先要把饲料质量做好，这是最重要的。其次，要把饲料延伸到养殖业、肉食加工业、奶业，贯通产业链，把产业的上游、中游和下游联通。

今天的新希望集团，旗下拥有400多家企业，就像一艘航空母舰，已经形成了猪肉、禽类及乳业三条完整的产业链，而这三条产业链始终没有脱离农业母胎。

有人曾经问刘永好："您作为中国最早一批创业者，早年为什么不做地产？如果那时候做房地产，可能早发财了！"刘永好回答："这事儿我后来认真地研究过，我发现那些过去跟风或者随意转型的企业，很多都倒下去了。我坚信，坚守农业、坚守实业是对的。"

早在2003年，新希望就切入牛奶领域，并且在四川、云南、安徽等地，收购或控股了12家乳品企业，完善牛奶供应链；2007年，控股子公司千喜鹤成为新希望在肉禽产业链的终端品牌；与此同时，新希望在乳业终端也加速布局，连续收购了多家地方龙头乳企。

从2013年开始，新希望加速打造两个封闭的产业链：一个是农牧产业链，一个是食品产业链。前者从种苗到屠宰，实现封闭一条龙，后者朝着肉食品深加工方向，实现另一个封闭一条龙。自2016年之后，新希望开始与澳大利亚、南美、北美等新大陆农牧业资源发达区域与国家系统布局，并且围绕高端牛、羊、奶、鱼虾等高端动物蛋白产业链进行投资和并购，将新希望打造为高端蛋白供应领域专家。

自1997年开始海外业务探索起，新希望就将国内的全产业链经验复制到国际。1999年，新希望在越南建成第一家海外工厂，截至目前，新希望集团在海外近20个国家和地区投产、建设、筹建、投资的工厂达40余家，不遗余力地在异域他乡布局产业链。

全产业链模式，意味着投入巨大。在这方面，刘永好一直不吝投入，未来也会坚持做下去。为了确保产业链能够健康运转，刘永好拿到了金融牌照，建立新希望财务有限公司。从民生银行的创始元老到四川首家民营银行的创始元老，刘永好积极布局金融业的目的，就是用投资的快钱来养活自己的产业链实业。

内生式全产业链商业模式，是刘永好商业帝国屹立不倒的秘诀。

· 竞争理念 ·

不要惧怕和行业巨头竞争

刘永好鼓励创业者时经常说的一句话是："不要害怕行业巨头，我们首先要向行业巨头学习，了解它，熟悉它；等时机成熟，有可能的话，再考虑如何赶上它，甚至是超越它！"

创业无惧行业巨头，这一点刘永好深有体会。说到新希望的竞争对手，直到今天都绕不开泰国正大集团，两家的"结怨"历史悠久。

1986年，刘氏兄弟的育新良种场已经年产鹌鹑15万只，鹌鹑蛋冲出亚洲销向世界。

"在我们带动下，整个新津县有三分之一的农户养鹌鹑，最高峰的时候全县养了1000万只鹌鹑，比号称世界鹌鹑大国的德、法、日还要大，我们是当之无愧的世界鹌鹑大王和世界鹌鹑蛋大王。"刘永好回忆往事，依然目光闪烁，兴奋之情溢于言表。

就在鹌鹑事业处于巅峰的时候，危机也来了。因为刘永好兄弟把养殖鹌鹑的技术和经验毫无保留地传授给养殖专业户，这些专业户用同样的技术、同样的产品、超低的价格，让刘氏兄弟不断丢失市场份额。

1987年，刘永好兄弟被迫转战猪饲料市场。当时，《正大综艺》节目的赞助方正大集团几乎独占中国猪饲料市场。在成都，正大集团投资1亿元建了一家饲料厂。因为用料少、催肥快，猪饲料效果奇好，正大集团售价奇高，但农民还是排长队购买。这让刘永好兄弟看到了机会，如果能生产出同质量的猪饲料，以较低的价格，完全可以从正大集团手里夺下市场。

当然，与巨头开战，必须做好充足准备。刘永好兄弟先是在古家村买了10亩地，投资了400万元，建立了希望科学技术研究所和饲料厂，又投入400万元作为科研经费，找了国内外一批专家进行研制开发，还派出科技人员赴国外考察。

经过两年的精心准备，1989年，"希望牌"1号乳猪全价颗粒饲料推出市场，每吨售价低于正大集团60元。

正大集团品牌名气大，是因为他们广告打得响。希望集团没有那么多钱在央视打广告，怎么办？刘永好启用了最古老的广告方式：张贴小广告。创意和文案都是刘永好亲自写的，也是他自己贴的。"养猪希望富，希望来帮助""吃一斤长一斤，希望牌奶猪饲料就是精"，类似接地气的口号在农村蔓延。

三个月之后，刘氏兄弟的饲料销量就追上了"正大"。正大集团开始高举高打，大打价格战。正大集团的猪饲料每吨降价20元，"希望"也跟着降20元；正大集团再降100元，"希望"干脆降价120元。刘永好的"狠"，让正大集团招架无力。最后，正大集团只好退出了成都市场。

经过这次正面对抗，"希望"牌饲料一炮打响。1991年，新华社内参发表了一篇《四兄弟创立希望，敢竞争超过正大》，官方权威媒体的"认证"，让希望集团的江湖地位更加巩固。

随后，希望集团就采取了"傍大款"模式，凡是有正大集团的地方，就有新希望的身影。他们的竞争从国内一路对抗到了泰国、柬埔寨、菲律宾，甚至孟加拉国、斯里兰卡、土耳其等国家。从猪饲料到食品，希望集团在一路竞争中，把正大集团的业务基本都学到手，并有所超越。

难能可贵的是，两家公司后来发展成了良性竞争。正大集团董事长谢国民不止一次说，"我和新希望不是对手，是朋友。"而刘永好更是说，"正大永远是我的老师。"

谢国民参加中央电视台的《对话》节目，还邀请刘永好做嘉宾。节目中，主持人问："新希望已经超过你们了？"谢国民大方回答："是的。"后来，刘永好去泰国，谢国民还亲自下厨招待他。

除了正大集团，业务扩大后的新希望直接面临跟 ADM、嘉吉这些全球粮食和大宗货物贸易巨头竞争，刘永好也并不惧怕。在他看来，那些巨头虽然厉害，但是在牛羊肉、奶、鱼虾等高端蛋白领域还没有形成比较强势的领导地位，新希望的机会很大。

如今，任何行业竞争都很激烈。刘永好的经验是：行业巨头虽然可怕，但只要找到他们的弱项，抓住机会，就一定有胜出的希望。

· 经营智慧 ·

知人善用，加强管控

希望集团在竞争激烈的环境中仍保持着持续地发展，用刘永好的一句话总结就是："关键在用人。"刘永好后来经常与企业人员分享，民营企业要十分注意回避家庭色彩的用人，实行所有权与经营权分开，具体说就是家庭人员行使董事、股东的权利，具体管理由经理人员负责。

创业之初，刘永好兄弟就约定，各自家属回家，不得"参政议政"。

早期，希望公司规定，购买饲料，职工不得"走后门"。刘家亲朋好友也不例外。

据说，刘永好的亲妹妹有一次来公司买饲料，发现排队太长，就找到自己的嫂子要通融一下。热心的嫂子就真的亲自给小姑子称好了饲料。刚巧被大哥刘永行发现。耿直的刘永行噼里啪啦训了妻子一顿，还当着大家的面粗暴地将饲料倒了回去，一点儿不给妻子和妹妹面子，妻子当场气哭离开了。

比起刘永行的六亲不认，刘永好也差不到哪里去。他的司机是自己的一个侄子，跟着他默默无闻地工作了很多年，眼看着和自己一起进公司的人都升职了，这位侄子心存不满，抓住机会就向刘永好诉苦，要求提干。刘永好非但没有给他升职，反而让他接受现实：作为亲属，没有特殊才能是不能被重用的，这是原则问题，不接受只能离开。

刻意不用自己人，是为了吸引更多的人才进来。尽管家族企业在全世界是常态，但很多精英人才对家族企业还是本能地敬而远之。家庭企业不用自家人，这种做法多少会让"外人"接受度高一些。确实有人来希望集团的时候亲口对刘永好说："来以前我做了一些调查，发现你这儿确实没有用亲属，给了每个人真正的生存、发展空间。就凭这一点，我要来。"

希望集团自创业以来就一直重视吸引人才和培养人才，不断调整本公司的人才结构。因为四兄弟所学专业都和农业无关，都是外行出身，所以他们在选人方面可谓不拘一格。

希望集团用人有个原则，不去同行挖人。之所以不用内行人，是因为到跨国企业去挖人，待遇很高。既然你能用高工资将其挖走，别人将来也会用更高的工资将其挖走。而且这样的人进入希望集团，整合起来也困难，他们会自视高人一等，难以适应希望集团的管理、制度和规范。许多国有饲料企业的厂长、经理前来应聘，希望集团从来不用。刘永好的逻辑很简单：假使他们优秀，早把企业搞好了。

希望集团经常从非饲料行业招聘企业的厂长、经理、车间主任。不懂技术，希望集团可以给他们配备生产部、销售部、技术部人员，因为希望集团看重的是个人领导力和努力学习的品德。外行通过努力学习可以转变成内行，而一旦成为内行，很快就成了"希望"人。

刘永好说，跟用内行人相比，希望集团会更多地招些门外汉来搞饲料，由内行人领头，进行培训，带着他们从外行向内行转换，同时激发他们的创业激情和灵感。

除了四兄弟自己的外行出身之外，青睐外行人，据说还是学习的微软。微软公司曾聘用学建筑的、从事建筑行业的人来做一个电脑公司的总经理，原因是他们容易打破框框，富有创意。

这个传统一直保留到现在。现在新希望招了很多北大、清华的学生会主席。刘永好坦言，不看他们的专业也不看他们的学习成绩，他更看重的是这些学生会主席的接地气、懂事、努力。

人才招进来后，刘永好会充分授权，使其在企业里有发展空间。"用人不疑、疑人不用"这8个字通常被视作授权的象征，但刘永好认为，这句话已经不适合新时代人尽其才的用人观。他把这8个字准则改为"知人善用、加强监控"。"知人善用"指的是要了解他并用到适当的岗位，给他名利和提升的机会；"加强监控"指的是人才必须接受制度监控，没有监控的权力必然产生腐败。

刘永好多次强调，要把监督放在明处，监督并不是对谁不信任的问题。集团制定了总经理行为准则，规定了"总经理30个不准"。自觉地接受审计和监督，已成为新希望高级管理人员的习惯。

如今，新希望汇聚了大批社会精英，有大学教授，有留洋博士，有刚毕业的硕士和大学生，无论是谁，进来之后都必须接受严格监督。刘永好的原则始终不变：对德才兼备的人才提拔重用，对有德无才的人或有才无德的人限制使用，对在工作实践中业绩不起色的"搭车者"坚决淘汰。

· 企业文化 ·

像家庭、像军队、像学校

一支善打硬仗的军队，一个温暖可靠的家庭，一所培养人才的学校，是希望集团一直塑造的企业形象。在此基础上和新的环境下，刘永好提出新希望的企业文化三段论：要"像家庭、像军队、像学校"。

- 像家庭 -

"企业应该像家庭一样互相友爱。母、子、父、女、兄弟之间，要互相关爱，互相支持，互相帮助，同甘共苦。我们这个企业就是一个家庭，一个温暖的大家庭。"新希望企业文化手册里如是写道。

在"外人＋家人"的混合制企业，新希望倡导的是大家庭文化。四兄弟联合创业，重视家庭的文化基因注入了新希望。新希望集团提倡"慈母般的温暖善待员工"的亲情文化。

关于刘永好在新希望内部亲民爱民的传闻有很多。据说直到现在，刘永好还总是和员工一起吃简餐，时常在食堂和员工话家常。在新希望人看来，他们的创始人和自己的亲切长辈没有什么区别。

为了营造家一样的文化氛围，新希望经常举办一些温馨的活动。比如，过生日这种事情，通常是小企业才会干的事情，但规模庞大的新希望至今还保留给员工集体过生日的习惯。公司人力部门经常不嫌麻烦，把来自集团总部、分公司、片区甚至海外中心的"寿星"们聚集起来，变着花样过集体生日。充满温馨的祝福，别出心裁的"相亲"，活泼的生日会拉近了时空和心理的距离，增加了公司的凝聚力。新希望时常打出诸如此类的"温情"牌，让家庭人的温暖深入人心。

- 像军队 -

相处像家人，工作起来像军队。在慈母般温暖的另一面，是新希望纪律严明的军队文化。刘永好深知，没有严明的制度就没有所谓的自由。

早期，刘永好去参观一家韩国面粉厂的时候，惊讶地发现不到 70 人的小厂子，竟然每天能处理 1500 吨的小麦，效率之高，令人匪夷所思。要知道每天处理 1500 吨的小麦，国内的同行通常需要 100 人以上。刘永好请教后，对方告诉他秘诀，严格遵循规范化的操作，做事不到位将受到严惩，以此让现场始终保持紧张气氛。之后，刘永好将军队式管理加入了企业文化。

在管理上，有两件事刘永好完全没有商量余地：一是子公司的财务一律接受总部直接领导。严格的财务制度，让伸向公司的贪婪之手吓得缩了回去。新希望这么多年从未发生大笔财务外流的事件，这是让很多企业家都无限佩服刘永好的地方。二是坚决杜绝只顾眼前利益的短期行为。比如，公司内部推行垂直管理体系，对于技术创新严格管理，鼓励和保护有利于集团长远发展的创新，禁止只顾眼前利益为了创新而创新的行为。

- 像学校 -

2011 年新希望的销售额达到 900 亿元，就在进入千亿俱乐部之际，2012 年却掉链子了。除了禽流感等外部因素，刘永好认为内部原因是根本。当时，新希望的领导层进入了严重高龄化。从这一年起，刘永好决定干部年轻化。他自己先从四五十家公司的董事长降到了两三家。新希望的经营之神陈春华也慢慢退位，年轻的刘畅等人开始上位。

干部年轻化，是新希望学校型文化的一个重要体现。在刘永好看来，现代企业不学习则亡，由一群老人引领的集团和企业，其创新和变革能力是有待商榷的。优秀的企业应该像一所学校，有经验的人要学会从管理位置上退下来做老师，给年轻人指路，而不是挡路，让年轻人在学习中有充分的发挥余地。

作为一个"老员工"，刘永好经常学习新科技和新的企业管理知识，这是大家有目共睹的。强调老带新和自主学习，成为新希望企业文化的重要部分。如今，新希望有了自己的商学院，更像学校了，打造有生命力的学习文化，不再是说说而已。

· 领袖魅力 ·

感恩之心离成功和财富最近

1993 年，刘永好以其良好的公众形象被推荐为全国政协委员，同年又当选为中华工商联合会副主席。他是在荣毅仁之后，首位当选工商联副主席的私营企业家。

2010 年，刘永好家族在胡润中国百富榜名单名列全国 20 名，他以财富 250 亿元成为川渝地区首富。2012 年，《财富》中国最具影响力的 50 位商界领袖排行榜，刘永好排名第 23 位。2013 年，《福布斯》杂志全球富豪榜，全球 1426 位亿万富豪上榜，刘永好以净资产 38 亿美元位列 353 位。

"胡润富豪榜"的缔造者胡润曾公开说，"在中国企业家中，我最敬佩的企业家之一就是刘永好。自 1999 年颁布中国富豪榜开始，许多企业家都起起落落、风云变幻，只有刘永好稳稳地占据在榜单的前列。"2018 年的胡润百富榜中依然有刘永好的名字。

作为中国巨富，除了名气大之外，刘永好一直过着很普通的生活。

2000 年，湖南卫视《有话好说》栏目上，主持人问海南兴宝集团总裁张兴民"你脚上穿的皮鞋是什么牌子，花多少钱买的？"

张兴民说："我这是鳄鱼牌皮鞋，花 8000 多元钱买的。"

主持人又转身问刘永好："请问刘永好先生，你买的皮鞋是什么牌子的？花了多少钱？"

刘永好笑笑："我不知道这是什么牌子，我这是从地摊买下来的，花了 100 多块钱。"

成名之后的刘永好，似乎还是创业时的那个刘永好。

他还是最喜欢麻婆豆腐和回锅肉，只要在成都，有机会就会吃。平日里，他最主要的工作餐是盒饭。除此之外，他还会和各部门基层员工在集团餐厅共进午餐。他吃饭速度很快，但是饭盒中不会剩下一粒米。

十几年来他的发型没变过，都是那种花 5 元钱就可以理的自然式。十多年来，他一直去同一家理发馆理发。

他每天开销不超过 100 元，不喝酒、不抽烟、不跳舞、不打麻将，不对明星和名牌感兴趣。

他没有架子，从来不骂人，脸上永远带着温和的微笑，说话的时候非常注意措辞，让人听了感到很舒服。

"暴发户"的做作在刘永好身上看不到，在他的哥哥刘永行身上也看不到。

据说有一次，刘永行夫妇到北京出差，当他们看到酒店一楼餐厅的价目表上写着每客 88 元，夫妻俩立即退了出来。到酒店外的一家自助餐馆，一问，每人要 40 元，又退了出来。最后他们在街上买了几个 4 毛钱的油饼。

刘氏兄弟信奉一条："不做'大款'、做大事。"

刘永好将他人生每一阶段对财富的不同认识总结为"财富三段论"。他说，当一个人拥有 10 万元时，他对于财富的渴求最为强烈，钱对他的重要性也达到顶峰；当一个人的口袋里装着 1000 万元时，这时他的感觉就是"要什么有什么"，这一阶段人最容易丧失进取的动力；当一个人的财富增加到 10 亿元，他会感到口袋里只有 1 亿元，其他 9 亿元似乎已经与他无关。

"财富对我个人已经失去了意义，积累财富就意味着对社会的贡献。许多人在发财后就不思进取，忘记了对社会发展的责任，我不是那样的人。"刘永好解释着他如今做事的动力。

很多人为了赚钱而赚钱，小富即安，然后就没有然后了。刘永好创业 36 年不倒，按照他自己的话说，一方面归因于自己学习能力强，总是能顺势而为，另一方面他始终抱着感恩之心做事业。"早期，我们是为了能够生活好一点；以后，我们是为形象好一点；再后来，就是为了兄弟们大家日子好过一点；再往后，就是为了国家和对社会的责任！"

1986 年转做猪饲料之前，刘氏兄弟在成都青石桥开了一个鹌鹑蛋批发门市部，平时刘永好的母亲坐镇店中，他们兄弟四人出去跑销售。到后来母亲去世的时候，刘永好才知道兄弟们富了以后给母亲的钱全被老人捐给了青石桥的乡亲。这件事对刘永好震撼很大。

1989 年，刘永好提出"养猪希望富，希望来帮助"，一开始是个广告口号，后来变成了希望集团的经营理念。刘永好说，把自己赚钱建立在别人能赚钱的基础上，才是牢固、长久的基础。

1993 年，刘永好坐火车从成都去昆明，在西昌站前面停了一会儿，看到车窗外突然冒出很多长头发、一身黑的小男孩，赤脚，光着上身，背着篓子跑过来捡煤渣（那时火车还烧煤），他感到很痛心，就根据国家"八七扶贫攻坚计划"的要点，联合一些民营企业发起了"光彩事业"。20多年来新希望在"光彩事业"中的投资已达上百亿元。新希望光彩事业先后在14个省建了150家光彩工厂，吸纳大量农民工务工，同时，也带动周边的农户做规模化养殖，建立养殖基地。

从2015年开始，新希望参与精准扶贫，以产业扶贫的方式，带动农户脱贫。新希望在河南的贫困县浚县投资了93万元建起了中原希望饲料公司作为试点，一年创造了1700万元的利润。中原公司的成功，使刘永行坚定了到贫困地区发展的信心。后来，新希望在凉山、大别山、沂蒙山相继投建了上亿元的扶贫工厂。

在中国靠农业起家发大财的人并不多见，刘永好凭借朴素的感恩之心，离成功和财富越来越近。刘永好常说一句话："做实业就要实实在在造福一方百姓，帮助解决当地就业和社会公益事业问题，说到底，实业的高质量是经济体健康的根本，这应是企业家的使命。"财富取之于民用之于民，在帮助弱势群体中共同走向富裕，富而不忘本，大概这就是刘永好人见人爱的魅力之本。

· 商业真经 ·

刘永好经典语录

1. 埋头拉车、抬头看路、仰头看天。

2. 早期，我们是为了能够生活好一点；以后，我们是为形象好一点；再后来，就是为了兄弟们大家日子好过一点；再往后，就是为了国家和对社会的责任！

3. 成功没有一个绝对的标准。有很多企业都说，我们要在多少年内达到世界500强，我听到很多这样的话。在15年前、10年前、5年前，我都听到过这样的话。可是，说这句话的企业都已经没有了。越是要达到世界500强，倒下去的速度就会越快，你朝着这个目标不是脚踏实地去做的话，往往就奠定了失败的基础，失败的可能性就会更大。毕竟，你在进步的时候，别人也在进步。

4. 做了这么多年实业，我有三点体会：第一，低下头；第二，讲诚信；第三，要创新。

5. 顺潮流而动，略有超前，快半步发展。

6. 当一个人只把挣钱当作他追求的唯一目标时，那正是他最悲哀的时候。支撑一个人不断前进的是不断地追求、奋斗。

7. 拥有亿万财富的喜悦与红薯丰收的喜悦，在内心的感受上是一样的。

8. 做企业，就好像综艺节目中的孤岛生存游戏。有些人怕吃苦，倒下去了；有些人在独木舟上行走，没有踩好，倒下去了；有些人关键时候跑不动，被老虎、狮子吃了。总之，竞争就是这样的，适者生存的游戏规则是明确的，所以应该有这样的思想准备。倒下去也没有什么可惜，因为他知道自己坚持不了。

9. 一个企业要发展，第一重要的是在最开始的时候要克服困难，要有思想准备——吃苦。中国的私营企业，特别是从事产业经营的私营企业，开始都得要有这样的准备。

10. 爆米花爆炸时体积会骤然增大，一般 3 到 5 倍，大的有 10 多倍。我们通过研究发现，一些垄断行业逐渐放开时，会产生类似爆米花爆炸时的效应。放开会带来巨大的膨胀，而这里面就有超额的利润，这样的机会曾在上世纪 (20 世纪) 六七十年代的香港、台湾出现过。现在大陆正在演绎同样的故事。这样的机会不多，一定要好好把握。

11. 家庭式的企业是企业发展的很有效的一种方式。因为经营者对企业资产是高度负责的，他是不会乱花钱的，所以说家庭式的企业永远不会消亡。在世界 500 强企业中就有 40% 是由家庭式所有或经营的。中国现在这几年出现贬低家庭企业的趋向，我觉得这是完全错误的。家庭企业并不是一种落后的形式，它是企业发展最为普遍最为有效的方式。

12. 企业兴衰靠市场，市场竞争靠质量，质量动力在效益，而效益的实现靠牌子，特别是名牌作为中介。

13. 拥有了多少财富并不重要，重要的是，我拥有了创造这些财富的能力！假如我这个企业什么都没有了，我的所有财富都消失了，但是我的自信还在，我的见识还在，我的这种经历和能力还在，我依然可以从头再来。

14. 有人说我很保守，但也有人说我很激进。其实，我就是希望我的企业能一直健康地活着。

15. 农民犯错误多半是因为无知，对食品安全科学不懂；要教育他们，成本又太高。最好的办法是，把两亿多提供肉蛋奶的散农联合起来，走现代规模农牧业的道路，完善产业链，让食品安全便于保障、便于追溯。

16. 顺潮流事半功倍。什么叫"顺潮流"呢，就是我们始终把产业定位在社会需求、政府倡导的领域。这样去做就会事半功倍，少冒风险。我们是四川成都郊县的普通市民，没有任何政府背景、经济背景。靠什么，靠党的好政策，靠我们自己的努力，靠艰苦创业。

17. 希望集团是依靠饲料做起来的，现在还在做，以前在"双轨制"的条件下有很多倒买倒卖的机会，我们都没有做；房地产热时，证券热时，我们也有很多机会，我们都没有做。我们用了近20年时间一心把饲料这一件事情做大、做好，为事业的发展奠定了很好的基础。

18. 当我们脚踏实地做产品的时候，钱是一分一分地去挣的。当我们把品牌这个因素融到产品里面去的时候，当我们扎扎实实做品牌经营的时候，钱也是一毛一毛地挣，但是当我们有了产品的基础，又有了品牌的基础，在这种情况下，我们再加上资本动作这个链条，通过一些兼并、收购、资本重组或者是上市，用这些环节去运作，有可能会带来更大增值。

19. 人才的大小不在于学历的高低，而在于适应不适应社会的需要，在于是否敢想、敢说、敢干，敢于去面对挑战。

20. 人要保持谦卑和感恩，否则就是误读了这个时代。

21. 我心目中的总经理群像：未必最优秀，但充满激情；未必学历最高，但勤奋好学；未必工龄最长，但脚踏实地；拥有阳光正向的好心态，并能打造出充满凝聚力和战斗力的团队。

22. 合伙制的模式很好，合伙制模式用得好公司就很棒。

23. 做公益非常重要，有人说很花时间，没什么收益。其实收益太大了，能了解社会，了解市场，培育关爱之心。

24. 时代不一样了，不能用过去的吃苦标准来看现在的年轻人，不过年轻人还是该多参与社会实践，多体验市场冷暖。不是说有钱了就高人一等，或者可以纯粹去享受了。你今天享受，明天或许就是下坡。

25. 大胆用年轻人，可以提速创新，以变革求活力。

26. 在供求平衡的时候，规模越大就越赚钱，但是现在，规模越大、投资越多或许赚不了钱了，这个时候必须要转型。

27. 传统产业必须转型升级，要诀就是要坚持创新。

28. 一个行业太热了，就意味着泡沫太大，风险要来了，如果没有绝对竞争优势，就看不到明天的希望。

29. 中国需要不止十万个百万个，甚至千万个上亿个的现代农民，中国的现代农业才能实施。

30. 企业能否做大，靠的就是企业家的心态，脚踏实地、光明磊落做事。

成杰智慧评语

伊利集团董事长潘刚曾对刘永好说："你在上世纪（20世纪）80年代初开始创业，当时跟你同时起步的很多企业家现在没几个了，你成了一棵常青树。"调查显示，中国民营企业的平均寿命不到三年。在中国，能蓬勃发展30年的民营企业算得上是基业长青了，新希望就做到了。

作为中国改革开放后最早的民营企业家之一，刘永好一路走来经历了四道坎儿：创业，政商关系，创新创造，未来传承。很神奇的是，刘永好在这四道坎儿前的表现都非常的稳。1995 年，刘永好四兄弟分家，没有一丝狗血，他们平平淡淡就分了；现在农业面临着转型升级的压力，刘永好有条不紊地走着；谈到政商关系，很多人都觉得有点灰色，刘永好却真的做到了"亲清"二字；在家族企业传承问题上，刘永好的女儿刘畅不起波澜地逐渐接过权杖。

刘永好身上发生的事儿就像他的名字一样"永好"，永远那么的美好，他是如何做到这点的呢?

1994 年，刘永好莫名其妙被评为了"首富"。枪打出头鸟，有人向政府举报他偷税，政府派人来查，查来查去，没发现任何问题。但这件事却让刘永好开始反思，最后，他开始给股东分红，分了几个亿，交了将近 1 亿元的税。随后，又有一家媒体披露说"中国首富花 10 亿元买断桂林阳朔，要做后花园"，政府高层非常震惊，派人下来调查到底是怎么回事，最后发现这一消息纯属造谣。经历过这样的风波，刘永好又开始反思，此后，他进行经营决策的时候都会特别注意，既要关心经济效益，同时又关心社会影响。

刘永好是中国民生银行的倡导者、筹办组副组长，是第一批股东，也是第一大股东，并被选为副董事长。民生创办的初衷是为广大人民群众服务，刘永好一直坚守这个原则，作为民生银行大股东，新希望从不在民生银行贷款。有一次，新希望下面一家公司被民生银行一个分行缠得没办法，贷款 100 多万元，刘永好知道后，要求对方立即还款，没有任何商量余地。但是，2006 年民生董事会改选时，刘永好竟然被踢出了董事会。震惊、愤怒之后，他开始自我反省，最后他没有任何抵触地接受了这个结果，默默继续加大对民生的投资。

经济学家厉以宁曾这样评价刘永好："从他至今几乎没有大的战略失误能看出来，他从没有被财富所扭曲。"

刘永好进行自我分析："早期，我们是为了能够生活好一点；以后，我们是为形象好一点；再后来，就是为了兄弟们大家日子好过一点；再往后，就是为了国家和对社会的责任! 回顾我们所走过的路，有人说是绿色的，环保的，健康的。从社会意义上来说，我们做一些应该做的事，而不会做一些不该做的事。这就是我自己的做事原则"。

君子有所畏，有所不为，才能大有作为；小人无所畏，无所不为，终将难有作为。刘永好能轻松避开发展路上的一个个陷阱，新希望能如此长久、持续、健康地发展下去，真相就是这么简单。不搞虚的，不搞假的，不做不该做的事，做那些应该做的，扎扎实实，认认真真，清清白白。刘永好的好就体现在他的正派、正气、正道上。

第 7 章

高德康

重点提示

创业故事：8 台缝纫机，11 个农民工开始新征程

商业模式：聚焦主业，定心才能定天下

竞争理念：先做产品，再做品牌

经营智慧：梦想有多远，舞台就有多大

企业文化：追求卓越，自强不息

领袖魅力：一路向前的"苦干家"

商业真经：高德康经典语录

成杰智慧评语

· 创业故事 ·

8 台缝纫机，11 个农民工开始新征程

1976 年的中国，改革开放的春风还没有吹进大地，大多数人都还在争做"公家人"的时候，年仅 24 岁的裁缝高德康租用了一间江苏常熟白茆镇山泾村闲置的瓦房，拉着村里 11 个人一起创业，其中 3 个人还是残疾人，他们组建了缝纫组。创业的资产是 8 台缝纫机和一辆"二八"永久自行车，波司登的光辉历程从此开启。

创业是艰苦的，尤其是在那个匮乏年代。因为在当地接不到活儿，一开始高德康是给上海的有钱人和知识分子等人做衣服。对方为了考验他，让他把男士长衫改成裤子。高德康凭借精湛的手艺赢得了客户的信任，经客户转介绍，赢得了大批订单。

为了承接上海的订单，高德康每周至少三次往返于上海与常熟之间，送加工品、取布料。当时，高德康因为没有太多钱囤积太多原料，只能每天去拿原料，做出成品后再给客户送回去，然后拿到钱再买原料回来加工。

上海学设计、昆山买布料、绍兴看染色，创业前几年，高德康每天都在重复这样的生活。

一开始是搭车出门，有一次，竟然有人因为他身上的汗臭味，把他从车上赶了下去。后来，高德康就骑自行车了。来回 400 公里的路程，高德康常常天不亮就出门，那时常熟至上海还没有水泥路，尽是坑坑洼洼的沙石路，每天骑

行十几个小时回到家，人累得像散了架一样。一路上，高德康渴了，就喝口凉水，饿了，就啃口干粮，风雨无阻。因为他知道，村里 11 个弟兄还指望着他吃饭。

后来，50 岁的高德康回忆说，20 岁的自己比现在还老。

高德康创办缝纫小组，只是为了谋生存，并没有太多的想法。但是，那次在上海坐车有人嫌弃他身上的汗臭将他赶下车的经历让他的自尊心受到伤害。他暗暗下定决心要创办自己的工厂，让别人刮目相看。高德康发誓：总有一天，他会拥有自己的大工厂，要在上海最大的商场出售他的羽绒服，让城市人改变对他这个乡下人的看法。

1980 年，高德康正式成立了山泾村服装厂。他把自行车换成了摩托车，加速创业。他每天从常熟到上海往返两个来回，最多的时候甚至跑三个来回，4 年间"报废"了 6 辆摩托车。经历了 5 年的骑行，高德康才拥有了人生第一辆法国标致小货车。

如今，高德康曾经使用过的自行车、摩托车和缝纫机依然保存在波司登的历史博物馆里，激励着一代代波司登人。高德康想告诉大家：无论波司登是世界品牌也好、民族骄傲也好，永远不要丢弃艰苦奋斗的精神。

作坊变工厂之后，业务也由原来的来料生产变为贴牌生产。

1984 年，高德康开始为上海飞达厂加工羽绒服，第一次做羽绒服。上海飞达厂是生产出中国第一件羽绒服的厂家。有趣的是，昔日为上海飞达厂代工的波司登，后来全面收购了上海飞达厂，中国最早的羽绒服品牌——"双羽"牌，也成为波司登旗下子品牌。

高德康为上海飞达厂做代工时，就十分看好羽绒行业的市场前景。在 20 世纪 80 年代，保暖类服装市场上还是皮夹克的天下，羽绒服因样式臃肿不好看，最开始并不被市场和消费者看好。高德康和别人看法不一样，他认为虽然羽绒服加工程序复杂，产品季节性强，但因为它的保暖功能是皮夹克无法替代的，所以，市场需求量是不可想象的。只要下功夫创新改进，羽绒服早晚会大受欢迎的。

1992 年，高德康终于不甘"为人作嫁衣"，斥资 150 万元建起了康博的第二幢厂房和办公楼。同年，高德康做出了关乎企业走上成功之路的关键决策，正式注册了"波司登"品牌。高德康终于创造了自己的品牌，名正言顺地参与市场竞争了。

从一开始为人"来料加工"，发展到"贴牌制衣"，最后创造出自主品牌，高德康花了整整 18 年的时间！

多年后他回忆初创波司登品牌时的心情依然异常激动："我就像着魔似的喜欢上了羽绒服，一心要让中国的老百姓都穿上又轻又暖又舒适的服装！"

"波斯登温暖全世界"，从此成为企业不变的使命。

1995 年冬，波司登羽绒服走向市场，卖出了 68 万件，占了当年全国市场份额的 16.98%，防寒服的头把交椅从此一坐就是 23 年。

· 商业模式 ·

聚焦主业，定心才能定天下

在常熟波司登历史博物馆的展览室里，至今依然摆放着值得纪念的羽绒服：一件红色的是波司登史上销售冠军，2006 年卖了 1035976 件；一件暗蓝色的是销售亚军，2007 年卖了 890497 件。

曾经聚焦羽绒服的波司登一度所向披靡。然而，历史的车轮滚滚向前，波司登这个曾经的行业开创者、领先者，近几年却陷入内外交困的窘境。

2009 年 ZARA、H&M、优衣库等"快时尚"崛起，2010 年，他们的战旗插进中国大地，给波司登带来了第一波冲击。

ZARA 每年可以推出超过 12000 种设计款式，其羽绒服一年销售 4 个月。而波司登的羽绒服每年推出 200 多款，可想而知，产品单一的波司登如何对抗得了快时尚？

在这种冲击下，同行雅戈尔急得去做房地产了，而波司登则提出了"四季化、国际化、多品牌化"的转型战略。所谓四季化，也可以称作非羽绒战略，是去拓展羽绒服之外的服装品类。它实际上与多品牌战略有重叠之处。除了自创品牌外，波司登从 2009 年开始，先后收购了多家男装、女装及童装企业。

2012 年，波司登正式确定以羽绒服为主营业务的多品牌综合服装经营战略，旗下囊括"波司登""雪中飞""康博""冰洁""冰飞""上羽""瑞琦女装"等多个品牌。这一年公司业绩确实达到顶峰，营收 93.25 亿元，净利 10.79 亿元，但之后，业绩逐年大幅下滑，多元化尝试收效甚微。

现实就是如此残酷，ZARA、H&M、优衣库在不断增加门店，而波司登却在不断关店。2012 年，波司登一年内新增门店从 4665 家至 13009 家，2013 年全国关闭门店为 3000 多家。2014 年，波司登放弃了自创女品牌瑞琦。这是高德康第一次对四季化战略的否定，"集团计划终止盈利能力不济的服装品牌，让集团资源集中于核心业务上。"随后并没有大的收缩。2015 年 5 月底，波司登的股票开始下跌，这一年，波司登被迫关闭门店 5000 多家。但情况并没好转，2016 年波司登股票从每股 1.2 港元跌落到 0.62 港元。

可以说，2013 年到 2016 年，在盲目追求多元化的过程中，波司登一度迷失了自我。多元化的失败，也让高德康逐渐清醒了：波司登干的不是时尚业，而是工业，它没有必要和求量不求精的快时尚品牌拼个你死我活。

2017 年 2 月，波司登关闭英国伦敦旗舰店。这家开店成本巨高的海外旗舰店，非羽绒服定位，主打高端男装，对标的是奢侈品牌雨果博斯。关闭英国伦敦旗舰店，表明了高德康的收缩决心。

2018 年，波司登宣布回归到创业原点，不忘初心，先做产品，后做品牌，再续辉煌。重新聚焦羽绒产业，让高德康找回了创业当初的那份激情与热血，追逐着"百年品牌，千亿梦想"的美好未来。

把对手聚焦在自己身上，追求年轻潮流，研发年轻人喜欢的羽绒产品，重塑波司登品牌形象，让波司登重新回到了纽约时装周的国际舞台，那个叱咤全球的"羽皇"又回来了。回归主业后的战绩也立竿见影，2019 年波司登股票已经涨到 2.2 元，增加了 3 倍。

· 竞争理念 ·

先做产品，再做品牌

董明珠和雷军进行"世纪豪赌"的时候，高德康就坐在台下。输赢结局，他早已心知肚明。

"品牌就是企业的核心竞争力，通过对品牌的塑造、培育、提升和创新，来打造企业的竞争优势，实现企业的腾飞。"高德康反复强调品牌创新、品质创新、设计创新。

他的逻辑很清晰：品牌是企业的核心竞争力，而品牌的基础来自产品，产品创新依靠设计创新。总体上来说，用 4 个字概括就是工匠精神。

42 年来波司登始终坚守工匠精神，从 1995 年到 2017 年，波司登销量实现了连续 23 年国内市场第一，蝉联中国羽绒服市场冠军。背后的支撑力量就是工匠精神。波司登在国际获得 177 项专利认证，参与 5 项国际标准、9 项国家标准、4 项行业标准的起草修订工作。

2006 年，在中央电视台中国经济年度人物评选财富论坛的演播现场，高德康用了 10 分钟时间为主持人董卿制作了一件礼服，剪裁实力可见一斑。所有的工匠精神都是在实践中千锤百炼出来的。

20 世纪 80 年代末，被称作"面包服"的新型御寒冬装羽绒服开始进入我国城乡居民的生活。其天然填充物羽绒的轻柔保暖功能很快被人们广泛接受。在需求不断增长的过程中，羽绒服品牌越来越多，产量也越来越大。到 1994 年冬天，中国的羽绒制品企业已经超过 4000 家。

一心想创名牌、在全国市场施展拳脚的高德康，怎么也没有想到，波司登刚刚投入市场，就遭遇了滑铁卢：23 万件羽绒服卖出去不到 10 万件。雪上加霜的是，银行的 800 万元贷款又上门催账了。高德康整夜失眠，不到一个星期，两鬓花白。

"当时，真是跳楼的心都有啊！"高德康回忆说，"可是考虑到还有好几百人等着吃饭，就觉得我必须要为他们负责，为企业负责。你高德康活着，不仅仅只为自己。"

对于高德康而言，1994年的冬天特别寒冷。这次寒冬的解除完全是意外，绝望之际，高德康意外地接到了北京王府井百货大楼楼层经理的电话，高德康抓住对方返季销售的机会，两个月内，波司登在王府井大楼甩货25000件，加上沈阳中信主动代销300万元，高德康侥幸把银行800万元贷款还完了。

危机是解除了，但高德康心里很清楚，竞争不能靠甩卖，不能靠侥幸，产品制胜才是发展硬道理。高德康决定主动出击，看看产品到底哪里出了问题。

1995年1月，在北方最寒冷的日子，高德康到东北考察市场。一圈走下来，高德康做出了如下总结：首先，羽绒服款式单一、古板，缺少时尚元素；其次，颜色暗，蓝、灰、黑占据了主色，色彩不明亮；第三，面料粗糙，缺乏质感；再有就是板型臃肿，不适合北方体型的要求。另外产品还存在一些质量问题，这些都大大影响了消费者的选择。

东北之行让高德康认识到，羽绒服不仅仅是用来御寒的，还要最大限度满足消费者的求美心理。至此，高德康找到了波司登的改进方向，那就是在羽绒服中加入时尚、唯美等元素，即使是冬季穿的羽绒服，人们也期待它能像一只蝴蝶，美丽多姿，色彩斑斓。

东北之行让高德康意识到，波司登失败并不在于是新品牌，而是面料、款式、板型等不适合北方人体型与需求，羽绒服要想不被淘汰，必须"洗心革面"。

于是，波司登大胆尝试，把当时羽绒服60%、70%的含绒量提高到90%，并全选优质绒，使羽绒服变得更轻更暖和了。在此基础上，波司登革新工艺，从色彩、面料，到线条，全面引入了时装设计，增加了时装的所有一切必须元素，从而掀起了国内羽绒行业大革命。

1995年波司登羽绒服新产品面世，像旋风一样刮向市场，迅速被消费者接受，46万件新产品一经投放市场，立即被抢购一空。人们禁不住惊叹："面包服"变了，变轻了，变薄了，变俏了！

当年，波司登市场年销售量达到了68万件，占到全国市场的16.98%，稳坐中国羽绒行业的头把交椅，此后便一发而不可收。波司登羽绒服 1996 年年销量达到 108 万件，1997 年 158 万件，1998 年 220 万件，1999 年 338 万件，2000 年时已突破 500 万件，而到了 2001 年，年销量高达 1000 万件。

在这中间，发生了一个插曲。

1999 年 11 月 5 日，《北京晚报》一则《年前买件波司登，穿了咋就脖子红》的报道，差点让波司登陷入品牌危机。正在出差的高德康，给公司副总下了"命令"，第一时间向消费者"负荆请罪"，一定要以实事求是的方式处理。

于是波司登副总冒着大雪飞往北京，连夜找到这个消费者，承认衣服的质量问题，并免费更换了羽绒服，最终感动了这位消费者。消费者从最初的投诉转变为积极宣传，其写了一篇《千里更换波司登，老史穿了脖子不再红》，刊登在第二天（11 月 6 日）的《北京晚报》上。变危机为转机，波司登此举堪称教科书级公关。

此后，为确保"波司登件件是精品，处处有服务"，波司登坚持质量零缺陷标准，每一件羽绒服都经过 62 位工艺师、150 道工序，保证原材料不合格不入库、半成品不合格不转序、不是一等品不出厂；成立售后服务部，投诉建议的处理率达 100%；通过定期召开座谈会、开设服务热线、"315 消费者权益日"等渠道收集消费者意见，以此作为新品开发改进的依据。

波司登始终视品质为生命线，在追求产品品质上，波司登向来是认真的。"用户第一、诚信、进取、创新、合作、责任"成为其核心价值观。在树立行业第一品牌的江湖地位之后，波司登先后多次引领行业革命，首个推出高鹅绒绿色环保羽绒服、研制出抗菌羽绒添加到羽绒服中、选用可以提升体感温度 3 ～ 5 摄氏度的蓄热升温里料、探索智能穿戴羽绒服……

很多人把竞争的目光放在对手身上，高德康没有，他始终从产品品质上入手。成也产品，败也产品，他相信，唯一能打败自己的是产品老化跟不上时代，而不是对手。波司登只要始终保持与时俱进的创新精神，就永远会立于不败之地。

· 经营智慧 ·

梦想有多远，舞台就有多大

梦想有多远，舞台就有多大，这句话几乎被说烂了，可是很多企业都停留在愿景层面，光说不练。江苏省常熟市白茆镇山泾村走出来的高德康，时时刻刻用这句话激励自己，一步步去实现梦想。

经过不懈努力，2006 年 10 月 10 日，在中国沈阳，高德康终于登上领奖台，拿下"十大世界影响力品牌"奖牌。此次颁奖典礼由世界生产力科学联盟主办、中国生产力学会承办。波司登作为我国纺织行业唯一一家榜上有名的企业，与上海宝钢集团、中国海油集团、国际航空公司等著名企业一起获得该项殊荣。当时，"世界品牌"的含金量很高，为了拿到这一奖牌，企业要过很多门槛。

从江苏上海，到全国，再到世界舞台，从贴牌，到中国名牌，再到世界名牌，这一路的收获，如同创业一样，来之不易。

梦想和野心，很多时候都是竞争刺激出来的。随着中国国门的开放，在波司登崛起的时候，美国杜邦、日本伊藤忠等不少国际知名企业进入中国。

在和国际大牌竞争之前，波司登为了熟悉国际市场的竞赛规则，从为世界名牌定牌加工做起，潜心学习伦敦雾、UTEX、阿迪达斯等世界羽绒服品牌的长处。在美国纽约举行的"千禧年中国纺织品服装贸易展览会"上，波司登作为中国防寒服第一品牌受邀赴美参展。会上，波司登带去了 20 余套参展服装，其中有随中斯联合登山队登珠峰的"金波司登"系列、"绿色环保"系列，都受到了国外专家、厂商的欢迎，当即接下了 2500 万美元的订单，为波司登的国际化迈出了坚实的一步。

随后，波司登与美国杜邦、日本伊藤忠等进行联合，靠"借船出海""以市场换市场"等战略，加快国际化的步伐，从 2001 年开始，波司登公司成为耐克、雨果博斯、汤米、Gap、保罗、ELLE 等国际品牌的合作伙伴。

高德康认为，国际化的两条路是贴牌和自有品牌。在贴牌加工受国际市场认可后，波司登决心把自己的品牌销量做大，而要突破这个瓶颈，就把自己的品牌文化宣传到国外去。我们为国际上最优秀的企业做贴牌，产品不比他们差，板型、面料也不差，关键是对品牌的认可。

　　在做了充足准备之后，波司登向着国际市场出击了。在进军国际市场的中国企业中，很多都是将重点放在了竞争程度不高的发展中国家，走"农村包围城市"路线。农村出来的高德康，反而不这么做，波司登一上来就直击欧美发达市场。

　　羽绒服是冬季产品，波司登的品牌国际化首先选中了冬季时间长达7个多月的俄罗斯，把优良的产品作为敲门砖。波司登羽绒服的含绒量高达90%，比欧洲一般羽绒服的含绒量高出了10%到20%，它做到了轻薄、暖和、款式好；在服务上，波司登做出了假一罚十的承诺；在价格上，波司登定位中档，主要面向普通的白领消费阶层，很快就赢得了消费者的青睐。2002年波司登在莫斯科设立特色专卖店，当年销售量即突破1万件。2005年，波司登公司又在国家商务部门的支持下，在俄罗斯开设了波司登羽绒服分厂，波司登成功在俄罗斯站稳了脚跟。

　　在俄罗斯开了个好头，取得市场的初步成功后，分公司曾请示总部，希望用低价策略来迅速扩大市场，却被高德康断然否决。高德康坚持走高品质品牌路线，用铁牙咬开国际市场。

　　1999年，波司登进军以高品位消费著称的瑞士；同年，以中国羽绒服第一品牌的身份，亮相"99巴黎中国文化周"。

　　2003年年初，波司登在纽约曼哈顿第七大道成立美国分公司，并在当地聘请优秀设计师，同时聘用熟悉当地市场、善于经营管理的专业人士负责市场拓展。波司登品牌羽绒服的款式风格与营销模式很快被美国当地消费者接受。

　　2008年，波司登专卖店在英国开业。

　　2012年，欧洲总部登陆牛津街商圈，仅在意大利，就进驻了350多家买手店。

2015 年，中国外贸形势严峻，在出口总额和 OEM（俗称代工）出口稳中有降的情况下，波司登却逆势增长 24.63%。

2017 年，波司登携手阿里巴巴平台"天猫出海"正式访问澳洲，终于从"爆款羽绒服卖半年"变成了"爆款羽绒服卖全年"。

如今，波司登融入"一带一路"倡议，波司登畅销 72 个国家和地区，赢得全球超两亿人次的选择，成为不折不扣的"中国名片"。

· 企业文化 ·

追求卓越，自强不息

2017 年，我在访问高德康时问过他一个问题："未来接班团队，你希望后来者传承什么精神？"

高德康脱口而出："不怕困难，不怕委屈，自强不息，敢于创新，追求卓越，永争第一。"

我还问过他："作为企业家，您身上最大的精神是什么？"

高德康同样想都不想地回答："永不服输，永争第一，心中要有霸气，永争第一。我从小这个脾气就是这样的，不管怎么样，总要当第一的。骑自行车、摩托车都要第一，反正不管做什么，要么不做，不做不要紧，要做就要第一，不做第一晚上就睡不着，一定要超过人家才行。"

高德康的精神，如今已经写入波司登的企业文化。波司登以"波司登温暖全世界"为企业使命，以"成为全球最受尊敬的功能服饰集团"为企业愿景，以"用户第一、诚信、进取、创新、合作、责任"为企业核心价值观，以"不怕困难、不怕委屈、自强不息、敢于创新、追求卓越、永争第一"为企业精神。

天行健，君子以自强不息。波司登的发展，是共产党人践行服务宗旨，以人为本、创新发展、共创和谐的光辉历程。

1992 年，高德康做了两个重要的决定：第一个是正式加入中国共产党；第二个是公司结束代工，正式注册"波司登"，自创品牌。

"波司登"这个名字蕴藏着高德康的雄心壮志："波司登这个名字来源于英语 boston，即波士顿的单词。波士顿是美国马萨诸塞州首府，位于美国的东北部，那里有著名的哈佛大学和麻省理工学院，天气较为寒冷。羽绒服是寒冷地区最需要的御寒工具，当时我就想取这个名字。后来，结合中国的文化'登'即意味着步步高升，最终我选择了'波司登'这个名字。"

也就是说，从创业伊始，高德康就想创世界名牌，让全世界的人都穿上自己设计的羽绒服。

"创世界名牌，扬民族志气"，高德康一直是认真的。当初，为了拿下这个"世界名牌"，他整整奔波了 4 年。

"一定要走向世界！这是我的使命，也是我的梦想，梦想成真往往需要靠使命的力量。"高德康说，"当时大家都在说评不评（世界名牌）没关系的。我看到江苏省有个面料牌子评上过世界名牌，一下子激发了我的斗志，我一定要拿下这个世界名牌。"

有一天，高德康听说"世界名牌"的评委老师要到虹桥宾馆开一个技术监督的大会，他就拎了一套羽绒服"杀"过去了。中午评委老师回房间午休的时候，被高德康堵住了。高德康"逼"评委老师当场试穿了自己带来的衣服。评委老师穿了直夸衣服做工好，高德康就趁机给他讲了波司登的设计理念、用料标准和特殊功能，以及受消费者欢迎程度。评委老师整个午休的时间被他用光了。当然，高德康也成功说服了评委。

高德康说，只要你在思维意识上有了争第一的想法，只要长期惦记着，你就一定能够实现。

这种"不怕困难、不怕委屈、自强不息、敢于创新、追求卓越、永争第一"的企业精神，已经为广大波司登人所传承。

· 领袖魅力 ·

一路向前的"苦干家"

"我一直在怀疑，现在有一些人是否故意夸大了MBA（工商管理硕士）、EMBA（高级人员工商管理硕士）教育的功能，把一个单思维的、严格来说还处在技术层面上的教育，提升到成就企业家的必由之路。事实上，MBA、EMBA的教育至多只能说是成就职业经理人的地方，而不是成就所谓的企业家。

"从1976年创业做服装至今，我感觉自己是处身顺境的时候少，遭受逆境的时候多，但各种各样的困难，有时甚至是危机，这些相对有形的'山'，我几乎每次都能稳健越过，我不认为这有什么了不起，这其实是一个企业家最起码的功力。"

说这些话的高德康一点儿都不矫情。从一个乡间小裁缝到身家过百亿的上市公司董事局主席，高德康用了40多年时间，每一步都饱含心血。一路苦干的他，对所谓的困难早就脱敏了。高德康说过一句很激发人的话，"难度是金，难度是钻，难度是花岗岩，而我一定要做金刚钻。遇到挑战，你拿住它了，你的高度就出来了。"

高德康，1952年出生于江苏常熟山泾村的一个农民家庭。高德康的父亲是一位裁缝，因为贫穷，高德康初中毕业就辍学在家跟随父亲学做衣服，学得一手好手艺。

父亲对高德康影响很大。做衣服需要的工匠精神，就是从父亲那里继承来的。父亲对他很严格，当时高德康的手艺不如师弟，父亲逼着他精进技术，只要高德康觉得委屈，父亲就会严厉地训他。严师出高徒，他的技术逐渐超越了其他人。

在父亲的训练下，高德康练就了过硬的基本功。有多厉害呢？套用凤凰卫视主持人雍慧说过的一句话，"高德康有一个绝活，就是能够目测三围。跟他在一起，如果你不想让他知道你的三围的话，最好不要穿紧身衣服。"

"父亲对我最大的影响，就是我看他做衣服，包括做饭，做其他事情，都是又快又好，效率很高。"

父亲的"工匠精神＋高效率"，被高德康继承了下来。

在创业初期，利润低，只能靠多接单养活团队，而多接活，人手又不够，怎么办？

高德康说："我们86个人，1个人做3个人的活，拿两个人的工资，'123法则'，当初我定了这个办法。"

波司登自创品牌创业，就是靠着"123法则"，苦干实干，拼出来的江山。当然，高德康不是那种让人白卖命的人。

1988年，代工才赚到一笔钱，高德康就给每位员工买了一辆自行车，86个员工86辆自行车，大家都特别开心。过年开年会的时候，高德康也会让员工的爸爸妈妈来吃顿饭。即便在艰苦岁月，高德康也不忘给员工谋福利。

公司有一个缝纫组长，做衣服很厉害，有一天却突然要离职。高德康知道后，立马开车到员工家里，路上开了快5个小时，晚上在他家促膝长谈两三个小时，终于说服他留下来。原来，这位组长是觉得公司的某些管理不公平。

高德康知道，这么优秀的人才，第二天一旦去了别处，就追不回来了。

高德康就是这样，通过自己的慷慨与真诚，吸引着一群人和他一路苦干，即便在公司遇到困难的时候，也不离不弃。

"现在的年轻人，宁可去买上万元一件的加拿大鹅牌羽绒服，也不愿意花费2000元购买一件非常好的国产羽绒服。"

受年轻态消费观和互联网的冲击，波司登"消失了"几年。很多人都在感叹，波司登神话是不是要彻底结束了？经过大风大浪的苦干家高德康并不这么认为。2018年，波司登重回本业，再次以工匠精神与羽绒服死磕，直到赢得挑剔的年轻人的认可。

"做羽绒服，我们是最专业的！"老裁缝高德康对着世界呐喊。

经历过一夜白头的创业危机，被消费者投诉的品牌危机，多元化欠佳的转型危机，从被人不看好、嘲笑、诋毁和看笑话，一路走来，没有什么能彻底摧毁高德康。

"只要肯苦干实干，谁都不能把你打倒！"

成功没有捷径，伟大都是熬出来的。高德康和波司登人永远用生命的力量践行公司的伟大使命：波司登温暖全世界！

我们坚信：波司登"百年品牌，千亿梦想"的伟大蓝图一定能实现！

· 商业真经 ·

高德康经典语录

1. 波司登创造了一个世界级的品牌，我们尝试过用营销制胜，也走过技术为王的道路，当企业站稳脚跟、进入平稳发展期后，靠管理占据先机，建立一套完整有效的企业管理制度，才是长远之计。

2. 小智者抢占市场，中智者发现市场，大智者创造市场。

3. 面对别人的歧视，你可以生气，但生气只是一种态度，争气才是出路。当你是一棵小草时，难免会被人无视和践踏，只有在侮辱和挑战中努力成长为一棵树，用实力说话，你才能赢得别人的尊重。

4. 高度成就梦想，品牌创造未来。

5. 商场上机会稍纵即逝，你不抓住它，它就会悄悄溜走。当初我就像着魔似的喜欢上了羽绒服，直觉告诉我，这将是我用一生时间去追求的事业。

6. 要创造民族品牌走向世界，离不开国家稳定和政府支持。

7. 始终紧跟党的步伐，牢记总书记说的"四个意识"，第一个是政治意识，第二个是大局意识，第三个是核心意识，第四就是看齐意识。

8. 创业首先要把基础打好，要从做产品开始，先做产品，再做品牌。很多同行先做品牌，再做加工，后来统统被我们打败了。

9. 难度是金，难度是钻，难度是花岗岩，而我一定要做金刚钻。遇到挑战，你拿住它了，你的高度就出来了。

10. 不光是中国，一定要走向世界，这是我的使命。梦想成功往往靠使命的力量。

11. 一个人没有自控力，是不可能成功的，一定要对自己严格。

12. 对员工一定要和蔼可亲像家里人一样，做领导一定要这样。因为不关心员工，品质就做不好，没有产品品质，就没有一切。

13. 做事情就是要这样：好的就好，不好的就给员工讲明白，解释清楚"为什么罚你"。

14. 高度成就梦想，品牌创造未来。

15. 尊重人是企业家最优秀的品质。

16. 在公司里我是一个教练员，我需要招募最好的队员，了解他们各自精通的领域，我用每个人的思维去考虑各种问题，发挥他们集体的才华，把我制定的经营理念和思想贯彻下去，我要做的就是跟踪过程，检查结果。品牌是企业家和团队的精神外化，有什么样的团队，就会有什么样的品牌。

17. 永不服输，永争第一，心中要有霸气，永争第一。不管做什么，要么不做，不做不要紧，要做就要第一，不做第一晚上就睡不着，一定要超过人家才行。

18. 做衣服要有工匠精神，创业要有艰苦奋斗的精神，做人要有永不服输、永争第一的精神。

19. 只有总结才能提高。自己要改变自己，必须要修整自己。

20. 没有高度格局，作品是不成功的。

21. 一个人的成就，不是以金钱来衡量的，而是看你善待过多少人。

22. 打造一个品牌，商标意识很重要。上个世纪（20 世纪）90 年代初，我就把"波司登"这个商标在马德里条约里的 68 个国家完成了注册，同时也在 100 多个市场成长迅速的发展中国家完成了注册。

23. 中国的市场很大，然而竞争也很激烈。如何在激烈的竞争环境中取胜，只有通过不断地创新，不断地发展。

24. 计划很重要。企业最关键的就是把框架搭好、人员找好。然后团队在一起把方案做好、环节安排好，制定好目标。接下来的时间，就需要每个专业的人在专业的岗位上做好专业的事，及时处理好临时发生的问题，团队达到了绩效，自然能完成预先制定的目标。

25. 我们企业专门有一个团队，检查分布实施工作内容的完成与否。在主要过程中不偏离，这样效率就比较高。我们每做一件事情，不但要有效率，也要有效果。

26. 在与国外品牌竞争时，首先要讲求实力。本土企业要让自己够大、够强，才能够具备与国外品牌竞争的实力。从这一点来说，国内市场很重要。在国内（市场）一定要做好，企业必须牢牢把握国内市场，因为中国是全世界人口最多的国家。

27. 在迈向国际化的道路上，你首先要把产品的开发、研发、终端的品质与质量评定好，使其符合其他国家的文化消费理念。在这基础上，要了解国际形势，熟悉他们各方面的研发与管理，这样才能去国际上展示自己的品牌。

28. 波司登在国外的销售一直稳步提升，即使在金融危机爆发后，波司登在国外销售也连攀高峰。原因很简单：物美价廉。在国际经济萧条的时候，中国的产品反而能够经得起考验。经济危机下，要求要产品好、价格合理，中国的很多产品是符合这个要求的。

29. 我不收购企业，直接收购人事。实际上，品牌是人才干出来的，你要把团队组合好、把产品引进来，这样少花钱能办好多事。

30. 企业出现危险，用制度无法解决问题的时候，企业文化就会跳跃而出。

成杰智慧评语

陶行知说过一句很有影响力的话："人生只为一件大事而来。"高德康就是这句话的身体力行者。为了做好羽绒服这一件大事，高德康扎实奉献了自己的一生。从"中国制造"到"中国创造"再到"中国智造"，高德康的羽绒之旅，筚路蓝缕，玉汝于成。可以用以下10个字来概括他的创业成功之路。

- 大志 -

自古以来，英雄起于阡陌，壮士拔于行伍，宰相起于州郡。我喜欢的一句京剧唱词是："何为英雄？聪明秀出，谓之英；胆力过人，谓之雄。英雄者，有凌云之壮志，气吞山河之势，腹纳九州之量，包藏四海之胸襟。肩扛正义，救黎民于水火，解百姓于倒悬。"乡村小裁缝出身的高德康，一直都有大大的英雄梦想——做世界名牌，这是波司登奇迹背后的力量。

创业需要动力驱使，大成功需要大动力。如同马云创业开始就立志"把阿里巴巴建成世界上最大的电子商务公司，进入全球网站排名前十位"一样，高德康一开始就发誓做世界名牌，让全世界的人都穿上波司登羽绒服。胸怀大志，肩扛民族大旗，这样的气魄在这个以赚钱为要的时代越来越稀缺。从一开始就有明确的品牌意识，这对于创业者来说，极为重要。

- 大定 -

《华严经》中有云：不忘初心，方得始终。初心易得，始终难守。不拒本心，是谓自在。初心，就是做事情一开始所抱持的信念。坚守最初的梦想，对于创业者来说太难了。创业一路诱惑太多，很多人走着走着就偏离了初心。而波司登42年创业史，带给我们的最大启示就是：草根创业，贵在坚持。只要你坚持一件事做下去，一定会实现最初的梦想。成功于羽绒服，受挫于羽绒服，高德康从来没有放弃过羽绒服主业。作为最早一批创业者，42年来，高德康可选择的转型之路、多元化扩张项目，数不胜数。有了钱，他可以像同行一样投资房地产、做金融，但他始终没有这么做，而是坚守初心，坚定使命。

- 大勇 -

孟子说，道之所存，虽千万人吾往矣！屈原说，亦余心之所向兮，虽九死其犹未悔！纵然面对千万人，也勇往直前，此为大勇。改革春风还没有吹进中华大地，大多数人都还在争做"公家人"的时候，高德康已经开始创业，"敢为天下先"，勇于做第一个吃螃蟹的人；20世纪羽绒服竞争激烈，初入行业的高德康，因为就是喜欢做羽绒服而不信邪，"虽千万人吾往矣"；当波司登声名鹊起，被对手"四面围剿"的时候，通过设计革新和过硬的品质，打败了"敌人"，脱颖而出；登顶23年，波司登没有停留在"羽皇"位置沾沾自喜，而是不断挑战自我，勇于革自己的命。

- 大巧 -

古人云：大智若愚，大巧若拙。真正聪明的人，从不逞能显智，因为深藏不露而看起来外愚；真正灵巧的人看起来很简单，因为简单而看起来笨拙。即便波司登已经做到了世界级品牌，高德康始终保持草根企业家的亲民形象。

为了做好羽绒服这件事，高德康也只认一个理儿：技术制胜。从一开始来料加工时期精益求精的剪裁，到自创品牌时期的颠覆设计，到如今自我转型的高科技智造，高德康一招制胜：坚守匠心精神，不断掌握核心技术。从追求简单和完美的角度来看，波司登就是羽绒服界的苹果手机，高德康就是羽绒服界的乔布斯。

- 大仁 -

高德康最可敬的地方在于他从那个崇尚大义的时代而来，从来没有丢掉那份普世情怀和社会责任感。高德康作为一名有社会责任感的企业家，一直关注弱势群体，热心公益事业。他做慈善的逻辑很简单，做慈善和做羽绒服一样，都是"温暖事业"。他做慈善的出发点更简单，"我小时候吃过很多苦，创业时期更是苦不堪言，所以对苦难有着深刻的感受和理解。每当看到贫苦的百姓，我的心里就特别难受，发自内心地想帮助人家。"

　　一个人做好事并不难，难的是一辈子做好事。波司登从 20 世纪 80 年代初开始做慈善，已经坚持了 30 多年，累计捐赠达 8 亿多元。一个企业的领军人物，对内要有一呼百应的能力，对外要有巨大的社会影响力。这种影响力的形成，取决于企业家的胸怀格局和仁义情怀。正如高德康所言，"一个人的成就，不是以金钱来衡量的，而是看你善待过多少人。"波司登的成功，得益于有高德康这样一位领袖型领军人物。

第 8 章

董明珠

重点提示

创业故事：从单亲妈妈到销售过亿女汉子

商业模式：自建渠道，内圣外王

竞争理念：失败者谈竞争，胜利者求垄断

经营智慧：没有人才，一切归零

企业文化：敢于创新，直面挑战

领袖魅力：不怕得罪人的铁娘子

商业真经：董明珠经典语录

成杰智慧评语

· 创业故事 ·

从单亲妈妈到销售过亿的女汉子

商场上的董明珠"霸道""强势""勇猛"，人们甚至给她贴上了"女汉子""大女人"这样的标签，很难想象，进入格力之前，董明珠完全是另一种模样。

1954年，董明珠出生于南京的一个普通家庭，她们兄弟姊妹一共7人，她是最小的小妹妹。儿时的董明珠，不善言辞，与人交流时更多的是微笑着倾听，别人说什么，她很少反驳，"好啊""可以""没问题"成了她的口头禅。

董明珠的前半生非常顺利，她认真上学，成功考入了安徽省芜湖干部教育学院，读了非常适合腼腆女生的统计学专业。然后，她成功就业，1975年开始在南京一家化工研究所做行政管理工作。之后，她经历了结婚生子，工作之余做着温柔贤惠的妻子和母亲，完全是一副腼腆温顺的小女人模样。

变故发生在儿子2岁时，董明珠的丈夫因病去世。董明珠勉力抚养儿子到8岁，她决定去寻找更好的自己。

1990年，36岁的董明珠把儿子托付给母亲抚养，自己孤身一人来到珠海，一个偶然的机会，她进入了格力的前身海利空调厂，成了一名基层销售人员。当时海利空调人事部部长对既没有从业经验，也不会喝酒，还已经人到中年的董明珠非常不看好，犹豫再三后，抱着试试看的态度，录用了她，万万没想到，这一决定不仅改变了海利空调的命运，更改变了未来中国和世界制冷行业的格局。

那时的海利，是一家投产不久、年生产能力约 2 万台的国营空调器厂，公司没有核心技术，只能做空调组装，年销售额只有 2000 万到 3000 万元。公司的规模不大，牌子也叫得不响，销售难度可想而知。

董明珠第一次接触销售业务，是跟着一位老业务员参加在天津召开的制冷行业展销会。当时，从珠海到天津需要坐一天多的火车，董明珠在此之前很少出远差，她腼腆、爱面子，觉得一个女人在火车上吃东西不好看，就饿了整整一天，再加上车厢里非常闷热，她下车的时候，感到头昏昏沉沉的非常难受。等到了旅馆，入住手续还没办完，她突然眼前一黑，摔倒在了水磨石地面上，尾巴骨钻心般地疼。

董明珠没顾得上身体的疼痛，她咬着牙，跟着老业务员从天津到北京，再到沈阳，走了一圈市场。最后，有时间了，她到医院拍了张片子，竟然是骨裂。医生说，最好的治疗办法是卧床休息，可当时正是空调销售的旺季，董明珠自然休息不下去，她就只好忍着。

因为处处留心，董明珠跟着老业务员走了一圈，很快就明白了空调营销的门道，并迅速进入了业务员的角色。没多久，她就被安排负责安徽市场。

独自撑起一片市场的董明珠面临着更大的挑战。她到合肥的第一件事就是向当地一家经销商追讨 42 万元货款。那时候，拖欠货款是中国还不成熟的商业市场上的"潜规则"，另外，这笔货款是前任业务员留下的烂账，董明珠本可以视而不见，可她偏偏找硬骨头啃。

接连 40 天，董明珠在欠账的经销商那里饱尝冷落、戏弄和欺骗。一开始，对方老总敷衍她："卖完了就给你钱。"后来，对方对她爱答不理地晾着。再后来，对方干脆躲了出去，让董明珠找不到人。董明珠较上了劲，她每天一大早过去"堵"人，直到人家晚上下班，终于有一天把对方堵在了办公室，董明珠大叫："你要么还钱，要么退货。否则从现在开始，你走到哪里我跟到哪里！"对方老总没办法了，只好把货退了回来。

经此一役，董明珠决定采用"先款后货"的策略，但那时候的格力在空调界寂寂无闻，经销商们一听要先打款，二话不说就摆手送客。一次次碰钉子之后，董明珠走进了安徽淮南一家电器商店，经理是个中年女人，她被董明珠的坦诚所打动，就答应先进20万元的货试试，于是，董明珠拿到了20万元的支票。

拿到钱就万事大吉了吗？董明珠很清楚，帮助客户把空调卖出去，自己的业务才算是真正打开。于是，她开始想方设法帮助商店经理卖货，因为没钱打广告，董明珠开始动员经理发动员工，先把产品推荐给他们的亲戚朋友试用，现在流行的体验营销，董明珠那时候就开始尝试了，她也没想到，效果竟然出奇地好。1992年夏天，这家商店的20万元空调销售一空，随后又紧急进了一批货。此后，一张张订单接踵而来。

很快，格力在淮南的市场被打开了。同时，在芜湖、铜陵、合肥、安庆，董明珠也打开了局面。仅1992年，董明珠在安徽的销售额就突破1600万元，她一个人的销售额占了整个公司的1/8。随后，董明珠被调往几乎没有一丝市场裂缝的南京，并签下了一张200万元的空调单子，一年内，她个人销售额上蹿至3650万元。

1994年，格力最困难的时期，大批产品积压在仓库里卖不掉，公司从上到下都很着急。屋漏偏逢连夜雨，在公司存活全面依赖销售人员的时候，格力的很多销售人员禁不住高薪诱惑，集体跳槽到竞争对手那儿去了，他们不仅带走了大批老客户，还让公司失去了翻盘的生力军。在这种局面下，董明珠决定留在格力，并临危受命，接过了经营部部长一职。这是董明珠事业起飞的第一个契机，也是格力的转折点。

当时的董明珠一边整顿销售队伍，一边对公司提出了质量要求，在粗放生产的周围环境中，开始加强品质控制。在她推动下，格力在1995年成立了筛选分厂，用来控制产品质量。1997年下半年，格力又成立了成本办，进行成本核算，解决物料过剩、生产线上的成本控制等各种问题。自此，格力一飞冲天。从1995年到2005年，格力连续11年空调产销量、销售收入、市场占有率均居全国首位。

· 商业模式 ·

自建渠道，内圣外王

如何处理厂家和经销商的关系，这是令很多企业头疼的问题。有人说厂家和经销商就像是鱼水关系，厂家是鱼，经销商是水，厂家离开经销商就像鱼离开水，活不成，而经销商离开了厂家，它的价值也就无从体现。还有人说厂家和经销商应该是恋爱关系，彼此暧昧但也时有摩擦。

对于厂商关系，董明珠说："厂商之间应该是一种平等合作、互利互惠的关系。"她接受不了"客大欺厂"，也不会去做"厂大欺客"的事儿，她在协调与经销商关系时，坚持把靠市场创造效益作为目标，如此，厂家和经销商的目标就是一致的，双方就可以平等、持久地合作下去。

在格力最困难的 1994 年年底，董明珠被推举为经营部长。她走马上任后做的第一件事就是把一个年销售额达 1.5 亿元的大经销商开除了，原因很简单，这位经销商仗着自己的销量目中无人，想搞点特殊待遇，董明珠的回答很简单：只要违反原则，天王老子也给我下马。当时，格力上上下下都在为这位女经理捏了一把汗，扔掉 1.5 亿元的年销售额，其他地方能补上吗？董明珠认为，只要自己的游戏规则是正确的，那就不愁销量。

1995 年，为了保障经销商的利润空间、调动经销商的积极性，董明珠制定了"淡季返利"政策，即依据经销商淡季投入的资金数量，给予相应的利益返还。这一政策把厂商间赤裸裸的"钱——货"关系变成"钱——利"关系。对于格力来说，这一政策不仅解决了淡季生产的资金短缺，又缓解了旺季供货压力；对于经销商来说，只要跟紧格力，他们就有货可卖、有钱可赚。到了年底，为了感谢一年来经销商的支持，董明珠决定把当年的 7000 万元利润返还给经销商，这一做法后来落实到了政策层面长期执行下去，这就是格力的"年终返利"政策。

1996 年，空调业再发血战之际，董明珠晋升为销售经理，再后来又成为副总经理、副董事长，职位上升了，权力大了，责任大了，可施展的空间也更大了。当年，格力湖北市场的四个空调批发大客户闹起了内乱，这四个空调批发大客户为了抢占更多的市场份额，竞相降价、窜货、恶性竞争。这样的行为无疑冲乱了格力空调的市场价格，经销商和厂家利益都受到了严重的损害。

为了解决内乱，董明珠曾多次亲临湖北，甚至还参与湖北大经销商的销售，可她的坐镇只能解决一时的问题，隐患仍旧存在。1997年年底，董明珠提出联合创建"股份制销售公司"的设想，这一大胆设想得到了湖北经销商的全面认可，就这样，1997年12月20日，湖北格力空调销售公司正式创建，这是格力独创的中国第一家由厂商联合组成的区域性品牌销售公司。

销售公司由企业与渠道商共同出资组建，各占股份并实施年底共同分红，这种以股份制组成的销售公司模式是：统一渠道、统一网络、统一市场、统一服务，开辟了独具一格的专业化销售道路，统一价格对外批货、共同开拓市场，共谋发展。

湖北格力空调销售公司，不仅有效地规范了湖北地区的市场，保障了湖北经销商的合理利润，还节约了格力总部销售人员的投入和分支机构的成本费用。这一模式经过一段时间的实施，达到了预期的销售业绩。于是湖北模式被格力电器迅速推向中国内地市场。

格力公司的具体做法是，在各省的市场中，格力电器选定几个较大的经销商，共同出资参股组建销售公司，以"利益共同体"的模式把区域内较大的经销商捆绑到格力电器的航母上。其后，重庆、安徽、湖南、河北等全国32个省（市）的区域性销售公司相继创建，它们成了格力空调参与激烈市场竞争的"撒手锏"。

自1997年起，格力空调的销售实现了飞跃式的增长，销售额从42亿元、55亿元、60亿元增长到2014年的1400亿元，产销量、市场占有率、利税收入等指标均在行业内领先，一举奠定了格力电器在国内空调行业的霸主地位。

格力股份制销售公司遍地开花，除了带来销售上的增长外，还保证了格力不用受制于渠道商，让它保有最大的话语权，也正因为如此，当国美叫板格力的时候，董明珠干脆来了个一刀两断。

2004年2月，空调市场进入启动期，为了在空调销售旺季到来之前争抢商机，成都国美电器没有取得格力电器同意，擅自把格力一款零售价为1680元的挂机降到1000元,3650元的柜机降到2650元。正在北京参加全国"两会"的董明珠得知消息，非常吃惊，她断然下令：停止向国美供货，要求国美马上停止降价销售行为，而且向格力道歉。

国美向来是只有"欺负"别人的份，没想到这次碰到了一个不买账的"刺头"，它自然不肯轻易认错。很快，国美北京总部向全国销售分支发布了"把格力清场、清库存"的决定。双方矛盾骤然升级，关系急剧恶化，但董明珠绝不服输，随即宣布退出国美，自建渠道。这就是商场上轰动一时的"格美大战"的缘起。

当时不少人预言：离开了国美格力必死无疑。格力内部也有很多人担心，断了国美这条渠道，格力以后的日子不会好过。对此，董明珠满怀自信，她说："其他品牌离不开大连锁，是因为对自己产品没有信心，希望通过大连锁把产品卖出去。我们有品质，有口碑，就不怕。别人喜欢格力，自然会来我的渠道买。"

在媒体采访中，董明珠更是直言不讳："我从来不认为一些连锁巨头是什么家电大鳄。大鳄是要吃人的，是不能与他人共生存的，这也与构建和谐社会的要求相违背。流通企业应当履行其在流通领域的责任，更好地体现衔接上游制造业和下游消费者终端的服务功能。疯狂地促销只能让厂家陷入'价格战'，而厂家只能通过偷工减料敷衍消费者。格力从不参与'价格战'，却从当初2万台的年销量发展到2006年1300万台的销量、230亿元的销售额。这就证明，企业只要本着对消费者负责的态度，融入创新精神，就会越走越好。"

其实，董明珠自有她"嚣张"的资本。当时的国美在格力的销售额中，不过占了不到1%的份额，格力集团的32家销售公司旗下已经建起了近万家专卖店，董明珠非常清楚自己在和国美的对抗中所占有的优势。后来的销售业绩也证实了，格力并没有受到国美的影响。格力自建渠道的销售模式打破了诸多中国制造企业过分依赖行业连锁店、大卖场的瓶颈，为制造业带来了一股销售革命之风。

· 竞争理念 ·

失败者谈竞争，胜利者求垄断

线下有"五一""十一"降价促销，线上有"双十一"低价抢购盛宴，在杀得一片血红的饱和市场中，价格战是市场上常用的竞争手段，是企业"攻城略地"最频繁使用的搏杀利器。所谓价格战，指的是一些生产商家为了与对手进行激烈的价格竞争，甚至不惜以低于成本的价格销售产品，借以扩大自己的市场份额，将对手挤出市场。在空调行业，价格战同样屡见不鲜。

面对竞争者的价格战，董明珠曾在多个场合表示格力空调绝不参与价格战，甚至还认为"一个真正好的企业，价格战是不可取的"。

董明珠认为，生产商家的价格战行为不过是"杀敌一千，自伤八百"，最主要的，消费者在价格战中可能会暂时受益，但却会成为最终的受害者。为什么这么说呢？

第一，为了保本血拼，企业不可能亏损经营，他们很可能就会偷工减料、以次充好，推出质量差的产品，让消费者蒙受损失，让厂家信誉扫地。

第二，很多空调厂家在价格战中消失了，消费者低价购买了这些牌子的空调，产品质量和售后服务都无法保证，每次修理空调都要花费数百元，修理几次花的钱都够买一台新空调了，消费者前期花了小钱，后期却会有大麻烦。

董明珠认为价格战是对消费者的不负责任，也会导致行业信誉的整体沦陷，是理性的企业都应该敬而远之的。

2000年前后，空调行业一轮又一轮的价格战轮番上演，长虹、科龙、格兰仕、美的等都参与其中，格力却远离战火，确定了"坚持实施精品战略，走空调器专业化生产道路"的发展规划。

- 精品战略 -

对于精品战略，董明珠说："我们格力坚持用品质取胜，不会简单地参加价格战。比如说我们的空调的材料成本比别的空调多几百块钱，要想打价格战，就要降低材料成本，降低标准，你的产品虽然能低价卖出，但是消费者会是最终受害者，买回去很快就会看到问题。"

格力的这份坚守，在当时的氛围中，显得另类，也很吃亏，很快，格力的部分市场遭遇沦陷，被竞争对手一点点蚕食。2000 年，格力的销售额保持了20% 以上的增长，到了 2001 年和 2002 年，它的销售额增幅一下跌到了 7%。对此，董明珠说："我们要忍得住寂寞。"她一再强调："品质才是战略，除此之外都是战术。"

为了贯彻品质战略，格力默默地做了许多。

在生产中，董明珠对产品质量非常重视，对安装过程中的服务质量要求也非常苛刻，甚至有些吹毛求疵。董明珠希望格力电器在使用寿命内——比如 10 年、8 年，都不需要维修，甚至"以后格力就没有售后维修这个部门了"。正是因为有这种自信，当一些空调企业还沉浸在价格战中时，格力电器却宣布对旗下的变频空调实施两年内免费包换的升级服务措施。

董明珠认为，空调企业发展的最大天花板就是核心技术不能突破，只要技术不断升级，新的市场空间就会被创造出来。比如在家用空调领域，从过去的单机到现在的"一拖多"，在商用领域，对恒湿、恒温新增功能的需求，这些都需要企业不断更新技术。格力自成立以来就把掌握空调的核心技术作为企业立足之本。在其他企业打价格战打得火热的时候，格力电器默默建成了行业内独一无二的技术研发体系，组建了一支包括外国专家在内的 5000 多名专业人员的研发队伍，成立了制冷技术研究院、机电技术研究院和家电技术研究院三个基础性研究机构，拥有多个国家实验室。

据统计，到现在，格力电器在国内外累计拥有专利超过 6000 项，其中发明专利 1300 多项，是中国空调行业中拥有专利技术最多的企业。这些技术上的积累成了格力电器的核心竞争力。

- 专业化道路 -

在 20 世纪 90 年代的中国，多元化成为诸多经营者绕不过的话题。在那个机会多如牛毛的时代，似乎只要多元化就能成功，受不住利益的诱惑，当时很多企业都极力推行了多元化战略。以电冰箱业务起家的青岛海尔，开始涉足微波炉、空调器、电磁炉、热水器、洗衣机、电风扇等领域；美的则明确"坚持以家电制造业为主、多元化发展的经营方针"，在开发多种高技术、高效益、高创汇家电项目的同时，逐步发展房地产、金融、证券投资等第三产业；而在 1994 年空调产品产销量及国内市场占有率位居全国第一的春兰股份也开始投资于摩托车、洗涤机械等项目。此外，长虹、TCL 等都无一例外选择了多元化。

格力却坚持将专业化道路进行到底。走专业化道路，是当时的格力董事长朱江洪和董明珠的一致想法。工程师出身的朱江洪对产品品质有着不一般的执着，他认为，格力电器专注专业化生产，是因为考虑到各个行业都有风险，多元化分开资源投入，成功机会更少，而集中力量打好一个产品，能重点出击，取得质量技术的突破。

董明珠认为："专业化与我们的定位有关，也是'自断后路'的做法——我们只能成功，不能失败。对那些搞产品相关多样化的企业来说，一类产品失败了，还有其他产品可以补进，但格力不行，如果空调我们做不好，消费者不买账，我们就会全盘皆输。我们就是要做空调业的老大，别无他求。"

因为坚持专业化，目前，格力产品已涵盖了家用空调和商用空调领域的 10 大类、50 多个系列、500 多种品种规格，成了国内目前规格最齐全、品种最多的空调生产厂家。也正因为专业化，格力电器得以集中资源研发和攻克核心技术，从而领跑空调市场，得以保持中国空调冠军的绝对优势。

2000 年，中国空调品牌大约 400 家，鼎盛一时；2003 年，空调品牌下降到 140 家左右；2004 年，市场主要活跃品牌仅为 50 家左右；2009 年，国内市场仅剩下 29 个品牌；2012 年后，能够听到声音的品牌其实也只有 10 多家。10 年的时间，空调品牌淘汰率达到了 90% 以上。

价格战背后是众多企业的累累白骨，一直坚守的格力反倒显得格外生机勃勃。在这个过程中，消费者心中逐步建立起了这样的认知：市场上除了格力这家专业做空调的，就是其他也做空调的企业，格力空调跳脱了出来，与众多竞争对手形成了明显的区隔。正如董明珠所说，做企业最大的敌人是自己，那些垮掉的企业不是因为竞争对手，而是没做好自己。

· 经营智慧 ·

没有人才，一切归零

2015 年 4 月，董明珠在珠海市工业转型升级工作会上称，有国内知名家电企业派人到格力挖人，"知道这件事后，格力电器派人去将对方打了一顿。"董明珠强调说："不能这样偷偷摸摸来挖人。"单看这说话的口气，一点没有企业家的谨慎，更像是热血的大姐大，究其原因，董明珠被气狠了。

2016 年 8 月，董明珠公开宣布，格力电器给每位员工发放旺季高温补贴 1000 元，同年 11 月，董明珠给全体员工每月加薪 1000 元。

2017 年 3 月，格力电器的一位基层员工接到供货商 2000 多万元的货物，但货物不符合质量标准，这位基层员工就按照规定要求供应商退货，供应商觉得这位员工不给自己面子、不识抬举，直接雇了 3 个人堵公司门口把这位员工打了。董明珠知道这件事后大怒："敢打我格力员工，非把你废掉不可！"她直接下令，格力从此不再与这家供应商合作，并辞退被打员工的直属副总。

2018 年，在正和岛新年论坛上，董明珠发表公开讲话："我们不做房地产，但是我们员工一直买不起房子，怎么办？这就不是我们员工要思考的，而是我们企业'当家人'要思考的。现在的房价越来越贵，所以现在我们给员工一人一房，结婚后可以给两房一厅，退休后房子归你，尽可能给员工带来安全感。"格力要给 8 万员工买房子！消息一出，业内一片哗然。

2019 年 3 月 27 日，董明珠参加亚洲博鳌论坛时表示，员工的幸福就是自己的幸福，格力已经开始建设员工住房，"要分给每个员工两房一厅"。"我给员工分房是我们为他给企业做出的奉献给予的回报，这也是一种大爱精神。"董明珠说，格力给员工加薪、分房，并不是以这为条件把员工留下，而是因为员工为企业做出了贡献，这些福利是员工应该得到的。

每年，董明珠在人才问题上至少都会有一个引人注目的大动作，这是为什么呢？

第一，人才太重要了。格力有上万人的研发队伍、9 个研究院、60 多个研究所，它的核心竞争力就在于技术领先。技术怎么来？产品靠什么创新？企业发展靠什么推动？靠人才。董明珠明白，人才对于格力的发展太重要了，她说："我做总裁期间最大的成就是用了人才。我们要打造百年企业，必须要有一支相应的百年人才队伍。"

第二，人才流失率太高了。董明珠之所以对各种挖人的做法深恶痛绝是因为现在公司被挖人的速度已经超过了培养人的速度。一般格力的员工将简历挂到网上，立马就会有公司找上门来，而且对方开出的待遇至少比现在要高 50%。另外，格力门口天天有人组团挖格力员工，董明珠气愤地去跟政府喊冤，她又指出，那些企业之所以能给出高薪多是因为钻了税收的漏洞，可政府依旧爱莫能助。

一方面人才太重要，另一方面人才流失率太高，这逼着董明珠在培养人才和留住人才上狠下功夫，现在，格力已经形成了成熟的人才系统。

- 不用空降兵 -

对于外来的人才，格力很谨慎，有一个不成文的规定，只要是从同行业企业出来的，无论你多能干，原则上不收留。而格力的领导干部更是不用空降兵，全部自己培养。格力每年招一两千个应届大学生来培养，这一两千个大学生中优秀的、认同企业文化的人就会留下，一干就是十几年。据了解，现在格力有100多名中层核心干部，都是来自格力内部的人才培养体系。这也是董明珠骄傲的一点，"格力电器培养了一大批骨干支撑了企业的发展，这也是格力保持高速发展的引擎。"

- 人才与学历无关 -

作为一个技术创新型企业，董明珠重视技术领域的人才，但她认为，一个企业的人才，绝对不局限于技术领域，如果做事情做到了极致，扫地的也算人才。董明珠举过一个例子：有人到格力参观，走了整个公司一百万平方米的地方，没找到一个烟头，看不到一粒灰尘，他们都会说格力的管理很厉害，这个扫地的人就是人才。所以，人才与岗位无关，与学历无关，判断一个人才的标准是这个人有没有挑战精神，有没有勤奋的精神，有没有奉献的精神，是否符合企业的发展方向。

- 企业家的一个最重要的责任，就是培养人才 -

经过多年的发展，目前格力已经形成了一整套卓越的"选、育、用、留"人才培养机制，并在人才、平台、机制、经费四个方面推行人才"自主培养、全员培养"，经费"按需投入、上不封顶"等政策，将企业自身打造为中国制造业里的人才高地，为员工的成长成才提供"孵化器"。

格力员工从进入企业的第一天起，就可以在格力的各种平台上不断升级自我。导师制度是其策略之一，格力为每一位新员工指定一名导师，协助指导新员工了解工作相关事务，使新员工以最快的速度适应工作岗位。七层高的格力培训大楼里，每天的课程都安排得满满的。

因为这种不断地付出，格力在自主培养人才上取得了令人骄傲的成就，比如，格力的光伏空调，这个产品拥有世界上最领先的技术，但它的开发团队平均年龄只有 28 岁。

- 开除 10 个不合格员工，不如干掉他们的领导 -

董明珠曾经说过，不合格员工背后一定有一个不合格的领导。与其开除 10 个不合格员工，不如开除其不合格的领导。现在是团队打天下的时代，业绩不好，更多是领导者的责任。下属的低绩效，往往是直属领导不作为导致的。培养有战斗力的团队，首先要确保带队伍的人足够称职。兵熊熊一个，将熊熊一窝，不称职的领导危害更大。负能量太多、又不肯承担责任的人，千万不要让他去带队伍。

- 面对人才流失，加薪送房子 -

格力有"中国家电行业的黄埔军校"之称。据说同行每年会挖走格力 600 多名技术精英。这些精英人才是格力花 5 年甚至 10 年时间精心培养出来的。为了留人，董明珠选择了最直接有力的方式：涨工资、送房子。

董明珠说："一个企业赚了很多钱，但员工仍旧居无定所，那这个企业的管理者就不是一个优秀的企业家。优秀的企业家应该承担起责任，为员工营造一种安全感，让他们感觉有所依靠。"

对于被挖走的人，董明珠看得很透彻，那些人带走的是旧技术，格力一直在不断创新，这个时代人才是大把的，关键要有好平台，没有好平台人才也可能不是人才。因此，那些要离开格力平台的人，大可以轻松放他走。

- 让每个人在制度的阳光下，能够找到自己的位置 -

董明珠说："企业要长远发展，就必须打造成一个透明度非常高的制度型企业，让每个人在制度的阳光下，能够找到自己的位置。"她认为，最容易犯错误的，永远是拥有权力的人，因此对于领导岗位最重要的不是信任，而是监督。为了更好地监督，格力设有总裁信箱，如果自己身边有以权压人事件，每位员工都可以直接向总裁举报。格力内部流传这样一句话：凡发现以权压人的干部，"斩"立决。

· 企业文化 ·

敢于创新，直面挑战

2018年4月25日晚，格力电器交出2017年的年报：实现营收1482.9亿元，同比增长36.92%；归属净利224亿元，同比增长44.87%，创下历史新高。这些让人血脉贲张的数据后面有一项让更多人惊讶的举措，为了更好地维护全体股东的长远利益，公司2017年度不进行利润分配，不实施送股和资本公积转增股本。也就是说，格力电器不给股东分红了。

"格力有钱，为什么不分红？"这一消息披露后，投资者觉得被格力"背叛了"，纷纷质问格力，受此影响，格力股价盘中多次触及跌停。

究其不分红的具体原因是什么呢？格力电器随后做出了解释："根据2018年经营计划和远期产业规划，公司预计未来在产能扩充及多元化拓展方面的资本性支出较大，为谋求公司长远发展及股东长期利益，公司需做好相应的资金储备。公司留存资金将用于生产基地建设、智慧工厂升级，以及智能装备、智能家电、集成电路等新产业的技术研发和市场推广。"

也就是说，格力开始捂紧钱袋用于技术研发了。

格力的官网上有这样一句话：

一个没有创新的企业，是一个没有灵魂的企业。

一个没有核心技术的企业，是没有脊梁的企业。

一个没有脊梁的人，永远站不起来。

了解格力和董明珠的人，都知道这个团队对"掌握核心科技"有着一以贯之的执着。

格力有一个"提头来见"的故事广为流传。

生产电暖气的技术经理向董明珠拍胸脯说，别的企业用的材料不好，电暖气用不到10年就会坏掉，我们的电暖气用的材料好，可以做到30年不坏，如果坏了，提头来见。结果他的自豪换来董明珠的一阵猛批：好材料谁都可以用，用金子可能100年都不坏，你有自己的技术，用同样的材料，别人用10年，你可以用到30年，那才是真正的创新。

"什么叫创新？什么是中国制造？我认为就是有一天，全世界都要到中国买核心部件，那就是中国制造。"这是董明珠挂常在嘴边的一句话。

2005年，董明珠发现当时中国的家电业没有一个是技术企业，她就下定决心在核心部件上不断突破。当年，格力超低温数码多联机组被专家组鉴定为"国际领先"，一举打破空调行业"组装厂"的市场格局。

格力电器有一条重要的创新原则：只要敢于创新，项目投入没有上限。格力电器的科研投入每年都以几十亿元计，比如2012年、2013年科研投入均超过40亿元，当然也允许失败，而且技术创新不只是公司的"顶层设计"，最终要落实到员工，形成体系。目前格力电器有8万多人，其中有1万人专门搞技术开发，他们的主要任务是把研发的技术快速地转换成生产力。在这种创新理念下，格力光伏离心机、光伏多联机、磁悬浮变频离心机组、永磁同步变频离心压缩机、螺杆压缩机等一一亮相。

董明珠在一次对大学生的讲话中提到：一个行业是没有天花板的，如果有，那是因为它停止了对自身潜力的探索发掘，年轻人，要勇于挑战自我。格力就是一直走在挑战自我的道路上。2013年，格力电器在空调业务已经遍布全球的时候，没有自鸣得意，而是布局多元化发展战略，深耕智能装备领域。到今天，格力智能装备公司产品覆盖了数控机床、工业机器人、伺服机械手、智能仓储装备、智能检测、换热器专用机床设备、无人自动化生产线体等10

多个领域，超百种规格产品，累计产出自动化装备 5500 余台套，累计产值超过 30 亿元。

董明珠说："能'拿来'的技术都不是核心技术，没有核心技术，企业就没有持续进步的力量。世界工业发展史表明，自主创新能力、制造能力、工业设计能力是工业制造的制胜法宝，美国、德国、日本能长期占据制造业强国的位置即在于此。我们很多的制造业都是依赖于别人的技术来做的，你仅仅是代工，所以我们要改变这个局面，要用自己的东西来创造新局面。"

在发出不分红的消息一个月后，董明珠再次成为市场关注的焦点，宣布格力要造芯片，并表示即便是花 500 亿元也要造出来。

关于为什么要花这么大的代价去造芯片，董明珠坦诚有两点：其一，完全掌握核心技术的需要。声称掌握核心技术的格力空调，有自主研发的压缩机、电机和电控产品，但芯片技术并不完全掌握在自己手里。其二，不服输。别人都说这是瞎砸钱，不看好，但董明珠不信这个邪，她认为别人能做成的，格力没有理由做不成。

曾经沸沸扬扬的中兴事件让人们意识到掌握核心技术的重要性，对于一个生机勃勃的企业来说，一旦核心芯片断货，会导致整个生产链受到影响，整个企业都会受到重创。依赖外部购买的芯片，企业手里永远有一个不定时炸弹。道理很明白，可很多企业依旧望"芯"却步，这是因为像芯片这种科技含量非常高的东西，不仅仅需要资金上的投入，更需要时间上的积累。或许，几年的投入才能正式进入量产阶段，大规模盈利还要等上一段时间，很多企业等不了，他们没有勇气面对这个漫长过程中的动荡和未知。

造芯片需要长期的资金投入，肯定会对格力的利润造成影响，自然也就损害了投资人的利益，这一消息激起了投资者更大的抗议。业内专业人士更是争先恐后泼冷水，有人说："以格力的规模做芯片设计毫无问题，但要覆盖整个产业链不太现实。"有人说："董明珠花 500 亿做芯片，就是在胡说，她根本就是不懂科学，不懂得有些事不是钱投进去就能有产出的。"

对于外界的质疑，董明珠说："关于芯片问题，我们研发了三年，现在是有所成就了，但还是皮毛，远远不够。至于选择什么样的方式做芯片，我们还需要董事会研究、投资研究才能给出一个答案。但是有一条，做芯片坚定不移，必须做。"

据统计，目前格力一年就要进口 5 亿美元芯片，整个行业的芯片进口量必然是一个天文数字。而整个中国芯片业，每年进口超过 2000 亿美元，芯片已经取代石油，成为国内最大进口品种。作为空调行业霸主，如果能够掌握制冷制热领域的功能芯片，不仅能为格力自己的空调配套，还能造福整个行业。不论董明珠的造芯路线是否靠谱，她的这份勇气和魄力是非常值得认可的。

董明珠说，"我对创新的理解很简单，就是两个字——挑战。"创新就是要不断挑战自己，不断超越自己。迎接挑战、勇于创新正是格力这个企业的魅力所在，也是值得格力人一直传承的精神。

· 领袖魅力 ·

不怕得罪人的铁娘子

一开始，董明珠在做基层业务员的时候，因为年纪大，身边的人都称呼她"董姐"，大家都说"董姐最好讲话"，可从业务员升为部长之后，她就跟变了个人一样。

有一次，假期过后，一名员工从老家带了一些土特产来，她想跟同事分享，可考虑到公司的制度明确规定在上班时间严禁在办公室吃东西，这名员工就把特产在办公桌里放了一天，临下班还有 5 分钟的时候，她怕大家下班就走了，赶紧拿出东西跟伙伴们分享，赶巧了，这个时候董明珠出现了。董明珠严格批评了这名员工，并按照公司规定，对她处以 200 元罚金。

律法不外人情，很多人对董明珠的做法很不理解，本可以睁一只眼闭一只眼就过去的事儿，为什么要较真呢？董明珠的想法很简单，工作中容不下温情，制度与纪律才是管理的核心。也正是因为她的这种坚持，格力团队一改之前工作懈怠、一盘散沙状态，越来越有组织性。

除了对下属毫不留情，董明珠对顶头上司也是该得罪就得罪。因为国企背景，格力内部人员比较复杂，上下关系、领导同事关系、朋友关系，一系列的关系困扰着格力电器的发展。有一个中层干部是凭格力一位老总的关系进格力的，这位中层干部觉得自己有后台，行事时就有点为所欲为。他的工作职责是负责给经销商发货，在清理账目的时候，他跟谁关系好就给谁先发货，有很大的以权谋私的嫌疑，董明珠发现后特意针对这个问题制定了制度：发货先后要以财务的通知单为准，这个制度无形之中制约了这位中层干部，他做不了假，也不可能搞关系。

有一次，一家经销商的货款没有到账，这位中层干部却先给他发了货，这是明显触犯了公司制度，虽然他有很多解释的借口，董明珠却坚持，违反了制度就是犯了错，犯了错就要按规定惩罚，于是，这位中层干部的工资被降了一级，并在全公司通报批评。这件事在公司里形成了很大的影响，很多人议论纷纷：董明珠好厉害，老总带来的人她也敢敲打。有人善意提醒刚刚上任经营部长的董明珠："人员管理得慢慢来，这么激进的话，恐怕会对你以后不利。"董明珠却不以为然。

第二天一早，这位中层干部背后的老总真的就来找董明珠求情了：这人曾经跟着他怎样怎样，多么多么忠诚，立下了怎样怎样的汗马功劳。董明珠话说得很直接："我没有跟你对着干，我做这件事情是维护企业的利益，也维护你的利益。如果放任不管，格力在无形中形成了'这个人不能得罪''那个人不能得罪'的氛围，所有人办事都察言观色，这样的企业还会有希望吗？"经此一事，格力的腐败问题逐渐消灭了。

董明珠一路从格力的基层业务员做到总经理，在她看来，当经理和当业务员的区别，一个是在管人、建制度；一个则是管物。当经理一定是要得罪人的，自己必须是和别人"针锋相对"的，只不过，这种针锋相对不是针对某个同事，也不是针对某个岗位，而是针对不良的行为。她认为，工作就是工作，生活就是生活，工作中没有柔情，就像打仗一样，在战场上能用柔情来解决问题吗？答案是否定的，必须用严格的制度和纪律来解决问题。

一言不合就开骂，从来不怕得罪人，甚至有时候故意去得罪人，很多人对这样的董明珠很不理解。董明珠说自己一直保持着平常心，"不要总是因为别人说你什么，你就检讨自己做的事情，诽谤你的人总是会存在，你得罪的利益集团总是会跟你博弈，你得罪的人总是会恨你。"

鲁迅说过，真正的猛士，敢于直面惨淡的人生，敢于正视淋漓的鲜血。董明珠在公司内部一副铁娘子模样，在公司外部，同样是得罪人至死不休的节奏。

在一次格力的临时股东大会上，当董明珠进入会议室后，却没有人给她鼓掌，董明珠当场就怒了，她认为，没有掌声是因为每个人都是带着不同的心思来的。在回答股东提问环节，董明珠直接发飙说："格力没有亏待你们！我讲这个话一点都不过分。你看看上市公司有哪个像这样给你们分红的？我 5 年不给你们分红，你们又能怎么样我？两年给你们分了 180 亿，你去看看哪个企业给你们这么多？"

她还质问股东："格力人从 1 个亿、从 1% 利润都没有甚至亏损的企业做到今天，达到 13% 的利润，是靠你们来吗？"在企业家把股东当上帝供着的氛围中，董明珠这种想骂就骂的做派显得很另类，不过，也正因为如此，股东们反倒觉得董明珠直爽、说真话，对她更加信赖。

2013 年 12 月 12 日，在中央电视台第 14 届中国经济年度人物评选颁奖现场，雷军提出"请全国人民作证，5 年之内，如果我们的营业额击败格力的话，董明珠董总输我 1 块钱就行了"。董明珠当场反击，"第一，我告诉你不可能，第二，要赌不是 1 块钱，我跟你赌 10 个亿。为什么？因为我们有 23 年的基础，我们有科技创新研发的能力。"董明珠公开与雷军叫板，雷军当场尴尬了。对商界同行，董明珠同样不懂得婉转迂回，虽然我们不知道她的初衷，但是，她的这一做法赢得了持续而广泛的关注，无形中扩大了品牌的影响力，这点是毋庸置疑的。

2019 年 3 月 19 日，小米财报公布，2018 年全年，小米集团营收 1749.15 亿元人民币，而董明珠早已表示，格力电器在 2018 年的营收将达到 2000 亿元，她与雷军的赌局已经基本胜出。

在格力最艰难的时候，有人对董明珠说："董明珠，你要当心点，那些人背后都在骂你。"骂声、诅咒声、威胁声，这些董明珠心里都非常清楚，可她依旧如飞蛾扑火一样扑上去，哪怕全天下人都反对，哪怕会被烧得遍体鳞伤也在所不惜，这种企业家精神叫作坚持，董明珠认为自己只要选择了对的方向，勇往直前，就一定会成为赢家。

· 商业真经 ·

董明珠经典语录

1. 我对接班人的要求有三点：第一，要忠诚；第二，要有奉献精神；第三，要讲诚信。如果这几个最基本的要素不具备，他的能力再强，对企业来说可能是埋了一个定时炸弹。

2. 价格战不是中国特色。科学技术的发展、生产规模的扩大、制造工艺的提高，都会使生产成本不断下降，销售价格不断降低，合理的价格竞争，才是造福于消费者，有利于促进企业不断发展的手段。这就要依靠规模效益及成本挖潜。一味地拼市场份额，设置挤垮竞争对手，低价倾销，对消费者对企业本身是不负责任的。

3. 同质化完全是个谎言，第一，用材不同；第二，设计不同；第三，经营理念不同。

4. 不需要售后服务的产品才是真正的好产品。

5. 消费者的每一件小事都是我们的大事。

6. 今天的成绩已成为过去，当你满足的时候，就是失败的开始。

7. 不能坚持原则的人，一定是有私心的。我没有一点私心，所以我能坚持原则。

8. 生活就是这样，总会有乌云遮眼的时候，但也总会有云开雾散的一天。

只要你坚持按自己的理想走下去，就一定会有成功的一天。

9. 越是单纯的东西，越是需要付出百倍的努力去捍卫它，把一种单纯的信念贯穿于生活之中，往往需要付出并不简单的代价。

10. 在格力电器只奉行两个字"简单"。目标"简单"——好空调，格力造，"打造百年企业，创立国际品牌"；管理"简单"——机构扁平化；"宣传简单"——不搞炒作，频繁出现在消费者眼前的只有 6 个字"好空调，格力造"；营销"简单"——厂商分工；服务"简单"——质量好，8 年不维修。

11. 如果要做成事，就必须要做好有所牺牲的准备，而自己所做的牺牲仅仅是暂时失去一个局部，但却得到了一个整体。

12. 可以在台上拿一百万，但绝对不允许在台下拿一分钱。

13. 世界上最难的就是认真，认真是做成一件事的基础。

14. 控制力不是让员工听话，而是给员工自我发挥和创造的空间。

15. 推销和营销不同，推销是交易，而营销则是培育市场。

16. 产品的核心竞争力在于质量，在质量方面不偷工减料，自然可以做到不摆虚架子，不以概念炒作糊弄消费者。

17. 顺手就可以拿到的东西，不叫目标，一定要跳起来才能达到的东西才是目标。

18. 眼前不赚钱的，并不代表永远没有钱赚。没有淡季的市场，只有淡季的思想。

19. 中国通过自己自主创新掌握核心技术的能力而不靠买别人的技术，只有这样中国企业才能在国际市场打出自己的品牌，赢得世界的尊重。

20. 用心做好产品就是最佳营销。

21. 质量是诚信的根本。我们要在保证质量的基础上，化解价格问题。格力电器要在材料供应、生产、管理、技术和销售、服务的每一个环节上促成良性的诚信循环，这样才能使市场和消费者对格力有信心，使"百年企业"的梦想不会落空。

22. 不能单纯地以营销谈营销，为销售而销售。一个企业，一种品牌，它们的内在联系到底是什么，还有思维方式、经营理念、价值取向都是整体构成这个企业最终市场的依据。所以说，我们的营销工作，有时会忽视一些眼前的利益，因为我们注重的是长远利益。

23. 市场就是消费者用人民币投票。我坚信，要做好营销工作，必须牢牢抓住消费者的心。

24. 我们都在寻找共同的游戏规则，期待"正和博弈"，不是你吃掉我，也不是我吃掉你。棋行天下，并非统一天下，而是和所有人一起走下去。

25. 坚决不打价格战，坚决走专业化道路。

26. 如果有人认为我们在营销方面有什么秘诀的话，那么最大的秘诀就是不玩花样，厂商平等合作，把靠市场创造效益作为一致的目标，并以此作为基本的游戏规则。

27. 一个人在他的一生中，一定会经历很多的困难，我们就是因为有能力去克服这些困难，才显示了个人的价值。虽然累，但是因为有价值，所以也就觉得不累了。所以，人要有一个很好的定位。

28. 带着欺骗的心态去做一个企业，这样随着时间的推移，会逐步就被消费者所淘汰，被市场所淘汰。

29. 一个好的营销队伍必须是一个诚信的队伍，只有讲诚信，你才能赢得别人对你的尊重，也只有这样，才能赢得别人对你的信赖，才可能得到别人的支持。

30. 只有敢抓自己错误的人才能成为伟大的人；只有敢于揭自己伤疤的企业，才有可能成为伟大的企业。

成杰智慧评语

纵观中国商界的杰出企业家，他们有两个明显的共同特征：第一，自我认识度高，他们对自我有非常清晰的定位，不会随波逐流。第二，有坚定的毅力，他们对要做的事情都很坚持，即便失败也还是前进。董明珠身上这两个特征表现得非常明显。

在中国空调史上有两波大规模的多元化扩张风潮，在这股风潮中，董明珠选择了专注地走专业化道路。比如，对一度非常"火爆"的房地产投资，格力电器就屡屡说"不"。在一次采访中，董明珠就曾透露："我们有太多进入房地产业的机会，我们到哪里投资建厂，对方都说，我给你几千亩地搞房地产吧，但都被我们拒绝了。你知道吗，别人说，从没有遇到过像你们这样的人，别人一来都是先把地圈得大大的。"

对于这份坚持，说起来简单，要做到其实并不容易，它需要企业家必须耐得住寂寞。很多人劝董明珠"做空调多辛苦，一台才赚几百块钱，做房地产或者股票，一夜就赚多少亿"。但董明珠却坚持，"制造业的核心竞争力还是体现在产品上，在空调领域也还有很多事情能做。"正因为拒绝了外界的各种诱惑，格力才得以将全部精力放在了技术研发上，保持了自己的核心竞争力，长期雄霸业内第一的位置。相对应的，很多传统的实业家把心思转移到其他领域，赚"快钱"让他们分了心，起家的实业反而弄砸了。

时过境迁，在别人没意识到的时候，一直主张"除了空调，格力电器还没有打算进行多元化，因为专业化是没有止境的"的董明珠却开始了大胆的尝试：一是做手机，二是造芯片，三是造汽车。这一次，董明珠又受到了各种质疑。对于手机，市场已经厮杀成一片红海，业内认为这时董明珠一头扎进去，是非常任性的决策。对于芯片，中国还没有哪个企业尝试成功，董明珠做了第一个吃螃蟹的人，外界自然一片唱衰。因为要制造汽车，董明珠更是被拉下了董事长的位置。

董明珠却一再表态："大家都不看好我做智能装备、手机还有芯片，可这几件事我一定要干，因为要把命运掌握在自己手上。"她说到做到，为了实现造车梦，她主张收购珠海新能源汽车制造商银隆，却遭到了股东大会的全面否决。董明珠没有因此却步，而是以自掏腰包、拿出全部身家的方式宣布入股，并凭借自己的个人魅力拉上了刘强东、王健林等商业大佬一起入股，其中王健林毫不犹豫就给了董明珠 5 亿元，董明珠振臂一呼，最终拿到了 30 亿元资金，如愿以偿。

董明珠到底在坚持什么呢？对格力了解的人都知道，董明珠在致力于把格力制造转型为格力智造，她在为格力布局一个更大的梦想。对于外界的争议，董明珠说："外面讲我是一个很强势的人，很多帽子戴在我头上。但我不是为自己牟利而做的决策，是为大众利益做的决策，我相信一定获得大多数人的支持。每一件事虽然会得罪一部分人，特别是一部分既得利益者的利益。但是为了大众的利益，这些人一定要得罪。"

董明珠说："我绝对不会随波逐流！"她的这种气魄和自信让人坚信，她想要的一定就能实现。

成功来源于你是想要，还是一定要。假如仅仅是想要，可能我们什么都得不到，假如是一定要，那就一定有方法可以得到。成功来源于我要。我要，我就能；我一定要，我就一定能。

我常说："一心所向，无所不能，一心所指，无所不达。""无志者，无以生智慧；大志者，大智慧。""志"即梦想，古今成伟业者，皆因胸怀壮志；因有大梦想、有大格局、有大追求，故能有大成就。

第 9 章

俞敏洪

重点提示

创业故事：在绝望中寻找希望

商业模式：做教育培训行业的"麦当劳"

竞争理念：曾经多么被欺负，以后就能多么牛

经营智慧：成为串起珍珠的那条线

企业文化："利益＋人情"

领袖魅力：善于"熬鸡汤"的商人

商业真经：俞敏洪经典语录

成杰智慧评语

· 创业故事 ·

在绝望中寻找希望

俞敏洪出生于 1962 年 10 月，在江苏省江阴市下面的一个农村接受中小学教育，1978 年，他第一次参加高考，当时的愿望是考上当地的师范学院，摆脱下田种地的命运。结果，俞敏洪却落榜了，一股不甘心的冲劲，让他没有放弃，而是复读再考。由于基础薄弱，他两次落榜。直到第三年，也就是 1980 年他才考上了大学。不过，连俞敏洪自己都没有想到，他竟考进了北京大学西语系。

然而，俞敏洪在北京大学这所顶尖学府里的大学时光是辛酸多于快乐的。如果说他那些侃侃而谈、能力出众的大学同学是一棵棵正在竞相拔节成长的小树，那么土里土气、连普通话都说不好的他就是一株被遗忘在角落里的小草。"我是全班唯一从农村来的学生，开始不会讲普通话，结果从 A 班调到较差的 C 班。进大学以前没有读过真正的书，大三的一场肺结核使我休学一年，结果练就了一副瘦削的土魔鬼身材。"

在多数人眼里，俞敏洪属于沉默寡言被别人冷落的后进生，别人津津乐道的爱情对他来说却完全真空。他说，"北大五年，没有一个女孩子爱我。"

大学毕业后，因为成绩突出，俞敏洪获得一个留校任教的机会，成了一名令人羡慕的北大老师。当时，随着改革开放的进一步深入，国内兴起了一股"出国留学"的热潮，俞敏洪的很多同学朋友都出国留学去了。本来自卑的俞敏洪，也不想落在人后，尝试着出国。虽然美国的大学向俞敏洪寄来了录取通知书，但基本都没有奖学金。

那时，美国大学的学费最低也得 2 万美元。按当时的汇率折合成人民币，相当于 12 万元。虽然俞敏洪的工资已经涨到了每月 120 元，但靠着死工资想去美国，简直是天方夜谭。三年留学计划，俞敏洪花掉的不仅是时间，还有他所有的积蓄。无奈之下，俞敏洪只得通过其他途径体现自己的价值。

俞敏洪不甘心自己花在留学计划上的投资都白瞎，他决定去做兼职赚回来。于是，他在校外的 TOFEL 和 GRE 培训班里代起了课，1 节课 30 元，10 节课就是 300 元，比上班的工资还高。当时，很多的 TOFEL 和 GRE 的培训班由于请了北大的英语教师，就堂而皇之地打起了"北大"的旗号。北大对此非常反感，于是明令禁止北大教师外出兼课。俞敏洪的代课行为自然也在被禁止之列。

1990 年秋天，北大三角地的高音喇叭广播了学校对俞敏洪的处分决定。大意是因为俞敏洪打着北大的旗号私自办学，影响教学秩序，故记大过一次。这个处分被大喇叭连播 3 天，北大有线电视台连播半个月，处分布告在北大著名的三角地橱窗里锁了一个半月。

北大曾经有过规定，对教师的处分是不准公开的，因为教师要给学生上课，在学生面前最重要的是面子，但是在俞敏洪这里破了规矩。这么重的处分，还是这么屈辱的方式，俞敏洪完全没有思想准备，他一下子蒙了。

1991 年 9 月，俞敏洪作了一个令身边所有人都意外的决定——辞职。

"北大踹了我一脚。当时我充满了怨恨，现在却充满了感激……如果一直混下去，我现在可能是北大英语系的一个副教授。"谈起当时的境况，俞敏洪这样说。

离开之后，俞敏洪才发现了现实的残酷：丢了铁饭碗，出国无望，自己就够焦虑了，妻子还不断给他压力。"身无分文，联系出国，实在没有太大的希望，我的老婆有时会在我身边说，某某又走了，某某又走了，你真窝囊，到现在还没有出去。像这样的话，尽管不算骂你，但是作为一个男人，男人做事应该顶天立地，当你听到这样的话，发现自己无能的时候，你的心肯定在流血，所以你就不得不去奋斗。也就是因为这样的推动力，导致了今天新东方的萌芽。"

在困境下，俞敏洪没有屈服，而是决定在没有条件的条件下干一番事业。日后名满京城，闻名全国，走向世界的新东方就是在这种困境之下起步的。放弃公职，选择做"个体户"，在当时是需要异常大的心理建设的，尤其对于俞敏洪这个来自乡下的孩子。

除了面子问题，创业前期的辛苦也不是普通人所能承受的。俞敏洪找到他以前兼职的民办学校东方大学，跟他们商议，希望能够借用东方大学的牌子，在外面办一个英语培训部。最后，双方达成协议，俞敏洪用东方大学的牌子，每年上交 15% 的管理费。1991 年的冬天，俞敏洪在中关村第二小学租了一间 10 平方米的教室，在外面挂一块"东方大学英语培训部"的招牌，开始创业了。

最初，培训部只有俞敏洪和他妻子两个人。每天上午，俞敏洪都会冒着零下十几摄氏度的寒冷，骑着自行车，拎着糨糊桶，四处寻找电线杆子粘贴广告。下午，夫妇俩就在培训部里虔诚地守候着，盼望来报名的学生。

新东方人都知道俞敏洪有电线杆情结，因为新东方是靠他在电线杆上一张一张贴广告贴出来的。因为市政建设，新东方外面的两根电线杆子要拆。俞敏洪着急了，死活不让拆，最后花了 7 万元才保下那两根电线杆。新东方的老师们最喜欢讲段子，在新东方流行的段子就有这样的："老俞最喜欢什么？电线杆！"而新东方的三驾马车之一，创业元老徐小平则这样评价："俞敏洪左右开弓的糨糊刷，在中国留学生运动史上刷下最激动人心的一页华章。"

终于，培训部陆陆续续地有了一些生源，俞敏洪夫妻俩非常兴奋。他每天认真地给学生上课。"我平均每天给学生上 6 到 10 个小时的课，很多老师倒下了或放弃了，我没有放弃，十几年如一日。每上一次课我就感觉多捡了一块砖头，梦想着把新东方这栋房子建起来。到今天为止我还在努力着，并已经看到了新东方这座房子能够建好的希望。"

正是因为这样明确的目标感和不懈地努力，培训部的生源越来越多，渐渐有了生气和活力。于是，俞敏洪打算创办真正属于自己的学校。但是，要自己创办培训学校是需要执照的，而且对申请人也有一些要求。条件是申请人必须有副教授以上职称，而且要原来单位同意。俞敏洪当时只是讲师职称，北大当然也不可能同意。

为了拿到执照，俞敏洪每周都会去海淀区的成人教育办公室，拿包烟坐在那里和办公室的工作人员抽烟聊天。来来往往半年后，俞敏洪和那里的所有人都混了个脸熟。考虑再三，教育局终于给了俞敏洪一张有效期为半年的试营业执照。同时规定：如果有学生告状，执照立马没收。就这样，在1993年11月，"北京新东方学校"正式成立了。

"我觉得人一旦生出来就必须要过下去，在前面18年父母帮着我们一起过，应该说是22年，包括大学四年，后面的风雨兼程主要就是靠我们自己，在风雨兼程的时候我们会摔倒，会爬起来，会遇到很多困难和很多挫折。人这一辈子遇到困难、挫折和失败不可怕，重要的是我们遇到困难的时候要拥有好的心态。世界上有两种人，一种人遇到的困难和失败以后就会害怕，就会充满绝望地倒下去，这种人一般一辈子就会以失败者的形象出现。另外一种人遇到这样的困难和挫折以后，会用勇敢的心和坚韧不拔的意志对待，这样的人在未来是容易做成事情的，所以我觉得无论你是否愿意往前走，生活总会遇到困境，但是结果却是不一样的，如果你不往前走，生活永远是这样。但是当你遇到了困难往前走的话，就会翻越过去。"

在绝望的山里砍出希望的石头，这就是支撑着俞敏洪一次次跌倒又一次次爬起来直至创业成功的信念。

· 商业模式 ·

做教育培训行业的"麦当劳"

很多人敌视麦当劳，抨击其提供的食物为垃圾食品，但这丝毫不妨碍它从一家为过路司机提供餐饮的快餐店，迅速发展成为世界 500 强之一的在全球有 3 万余家连锁店的快餐业龙头企业。麦当劳的核心竞争力不在于食物的优势，而在于标准化。全球 32000 间麦当劳分店，长得几乎都一样，在任何一个麦当劳店，你吃的汉堡都是一样的。

新东方很早就学到了麦当劳的精髓，标准化连锁化经营。正如俞敏洪所言，标准化是新东方的转折点。新东方的发展大体上经历了三大阶段：第一阶段，通过低于市场价格收费、先免费试听再选择交费继续学习、免费赠送资料等方式抢夺留学学员，在英语培训市场站稳脚跟；第二阶段，从出国考试发展到多语种培训、计算机就业培训、IT 认证培训、基础英语、少儿英语培训的快速扩张阶段；第三阶段，教育产业化、专业化、集团化运作阶段。标准化战略的提出介于第二阶段和第三阶段之间。

有人用更形象的语言概括俞敏洪的创业历程："一个教师，开了一个作坊，成规模后把作坊变成学校，当了校长，然后再把学校变成一个教育集团。"从学校到教育集团的蜕变，靠的是连锁化经营。而连锁经营的成功扩张，得益于新东方在教材、服务、管理等方面的标准化。

新东方早期扩张，更多是靠人。最早依靠俞敏洪的个人魅力带出一批有个人魅力的老师，依靠这么一批有个人魅力的老师，最后打造出新东方品牌。后来新东方扩展到外地，靠的就是外派校长，一个校长能干的时候，这个学校就做得很好；不能干的时候，这个学校就会走下坡路。各个学校从教学质量到学校管理，甚至到装修，都有校长的个人风格。

当新东方的规模越来越大，全国有 50 多所学校、500 多个教学点的时候，这种完全以人为主的管理模式使新东方做事情越来越艰难。随着新东方业务种类越来越多，如果不进行一种规矩管理的话，新东方随时都可能出现危机。因此，标准化经营应运而生。

首先，参考麦当劳炸薯条、做汉堡的统一选材、统一做法，新东方实现了教材和教法的标准化。

新东方早期靠 TOFEL、GRE 等业务，后来陆续拓展考研英语、四六级、职业认证、IT 认证等业务，这些培训项目都有一个共性：都可以通过考试结果来验证培训效果。一切以通过考试为目标，使得培训具备标准化的基础。

为此，新东方推出标准教材和教案。其中首推俞敏洪编写的《GRE 词汇精选》，该书被出国人士称为"红宝书"。同时，新东方还陆续编写出版了《新托福考试综合教程》《新托福考试官方指南》等教材。另外，新东方还撰写了《新概念英语标准教案》《雅思写作标准教案》《考研模板标准教案》等教案。标准化的教材和教案，不仅提升了新东方的教学水平，而且拓宽了营业收入，也为新教师的快速成长提供了有利的条件。

针对不同老师不同教育风格的客观现实，新东方强调教学技能的标准化。为此，新东方从剑桥 ESOL 考试中心引进六级师资培训体系，只有通过第一、二级培训的教师，才能成为符合新东方标准的教师，从而传达出相似的新东方味道。

其次，在外部管理标准化上，新东方学习麦当劳对连锁经营的标准化。

麦当劳在全世界遍地开花，很多人误以为，只要有钱，加盟麦当劳是一件很容易的事情。实际上，麦当劳挑选加盟商非常苛刻。任何一个商家要加盟麦当劳，首先必须向麦当劳总部提出申请，总部对其资信状况、经营管理能力、资金能力审查合格后，双方协商一致，服从麦当劳的统一化管理，才能签订加盟合同。签约后，麦当劳除了提供统一形象广告、统一作业程序、统一服务规范之外，具体的门店管理，由加盟商自己来进行，他们可以自己打造自己的文化。

新东方学了麦当劳的"严进宽出"。一开始，新东方坚持直营，后来才采取"直营 + 加盟"形式。对于连锁店的管理，新东方将运营标准化作为切入点，把集团总部建成一个统一的统筹管理中心，把下属的分校建成统一标识、统一管理、统一业务流程、统一服务标准、统一对外宣传的连锁式分校。

第三，像麦当劳一样通过信息化手段全程监控分店。

在麦当劳，每一家跟它合作的农场、养殖场都能得到麦当劳信息化和电子化的支持，具有一套与麦当劳相匹配的供应链系统，也正因为如此，麦当劳建立起一条基于物流、仓储、种植、养殖共生的产业价值链，使得麦当劳成为价值链的核心企业，它牢牢掌握了主动权。

为了复制总部商业模式的精髓，新东方在总部与分校之间打造了一套 IT

系统。在该系统下，总部能将管理延伸到分校的每一位老师、每一间教室、每一堂课，而分校又能够分享总部的后台支持，这让新东方的业务复制变得高效而有序。

比如教师备课系统，当老师发现一道题或者一篇课文不知道怎么讲，备课遇到困难的时候，只要上网输入这篇课文的关键词，这篇课文如何备课，那个句法怎么讲的，甚至优秀教师的视频讲解，都可以在网上调出来。有了这样的备课系统，哪怕新东方有几万名老师，这几万名老师都可以同时进入这个系统去备同样一门课，或者不同的课。

在标准化支持下，新东方的连锁经营稳步推进。自 2000 年在广州和上海开设分校始，截至 2017 年 11 月 30 日，新东方已在 70 个城市设立了 82 所学校、19 家书店及 940 家学习中心，累计面授学员近 3354 万人次。

· 竞争理念 ·

曾经多么被欺负，以后就能多么牛

关于竞争，俞敏洪认为，竞争对手不可避免，创业者不要纯粹的蓝海，不要恐惧竞争。对手其实就是最好的前进动力。被欺负得越狠，将来成功的概率就越大。

在心态上，他主张："只有心中无敌，才能无敌于天下。你的气度决定着你的对手，不是说你的厉害决定着你竞争对手的未来。"

在创业最初，在自家课堂开课的同时，隔壁的培训学校跑到自己教室外发宣传单页，俞敏洪从不计较，依然教着自己的课。直到有一天，隔壁培训学校的校长突然打电话过来，说有事要跟俞敏洪谈谈，俞敏洪想这次肯定没啥好事，"我想不会是又捅刀子的事吧？"

没想到一见面，那家培训学校的校长竟然要求把自己所有的学生都转到新东方学校。俞敏洪非常不解，连忙细问缘由，这才明白，原来那家培训学校仅有的 4 位老师要求同时加薪，而未能得到此校长的同意，4 位老师要求一起辞职。校长是位下岗女工，只是因为咽不下这口气，就找到俞敏洪，想把培训学校里 400 个学生全部转到俞敏洪的学校，然后自己不干了。

或许对于别人来讲会很开心，终于少了个竞争对手，更少了个欺负自己的对象。可是此时俞敏洪却做出了常人所不能的举动，他毅然说："你请那 4 个老师回来吧，你告诉他们，如果他们愿意回来，你就付他们跟新东方老师一样的工资待遇，如果他们不回来，新东方老师就调 4 位老师给你们，直到你们找到老师为止。"面对如此大度的俞敏洪，昔日的对手百感交集。从此，两家的关系再也不像以前那么僵硬了。谁在新东方门口发广告，这位竞争者甚至主动帮他驱赶。

树大招风，企业规模还小的时候，没有人注意到你，规模做起来了，目标也就大了，竞争对手自然就会盯上你。新东方的不断壮大，给其他同类培训机构带来的威胁也越大。于是那些实力较强的同类培训机构开始不断给新东方制造压力。

新东当时的竞争对手，在国际上有华尔街学院和 ETS（美国教育考试服务中心）等，在国内有"洋话连篇"和李阳的"疯狂英语"等。面对国内有"狼"、国外有"虎"的双面夹击，俞敏洪选择避开火力，内练真功。

俞敏洪把重点放在了新业务扩张上。1999 年 3 月 1 日，新东方正式成立电脑培训部，开展计算机就业培训和 IT 认证培训。第一批学员毕业时出现了供不应求的场面，新东方趁机又成立微软 ATC 授权培训及考试中心，以及 IBM、SUN 等多家公司的授权教育培训中心。2000 年，面对市场对小语种人才需求量不断增加的趋势，新东方率先进入小语种培训领域；同时，创立新东方少儿英语部。通过不断开拓新领域，新东方从强敌如林的英语培训中突围。

很多时候，竞争对手并不是可怕的，可怕的是自己人有一天成了你的敌人。最能伤人的往往是自己人。他对你知根知底，一旦向你开炮，杀伤力巨大。

2002 年，新东方 IT 培训创始人周怀军离开新东方后创办了北京新科海学校；2003 年，新东方学校主管国际合作的副校长、著名 TSE（英语口语测试）教学专家杜子华离开新东方，出任华诚研修学院院长；随后，新东方原总裁、北京新东方学校校长胡敏也离开了新东方，他创办了新航道学校并复制新东方的教学模式直接与新东方竞争；2004 年 11 月，新东方原董事、北京新东方学校执行副校长江博正式签约加盟北京巨人学校，担任巨人教育集团首席执行官兼北京巨人学校校长。

在这一连串的另立门户事件中，要数胡敏的事情最令俞敏洪伤心了。除了三驾马车之外，俞敏洪最看重的是胡敏。2002 年 7 月，俞敏洪辞去总裁职务，由胡敏接替俞敏洪成为新东方总裁。俞敏洪将 6% 的股权赠予胡敏，足见俞敏洪对其看重。新东方老师有大概三种发展状况：第一种是一心一意在新东方教书；第二种是通过努力进入新东方的中层和高层；第三种是挣了一大笔钱，一边教书，一边准备出国。新东方是他们出国深造的捷径和跳板，每年都有几名、十几名新东方老师自费或获得奖学金进入美国一流大学。而胡敏原本属于第二种，他 1995 年来到新东方，历经 10 年，从讲师一直做到校长。

2004 年 4 月，胡敏离开新东方成立新航道学校，公开与新东方叫板。新航道于 9 月底开始大规模招生，招收的学员对象和新东方完全一致。这对于新东方的市场来说，不能说不是一种冲击。胡敏公开宣称"新东方走到哪儿，新航道开到哪儿"，而且新航道的 50 多位教师绝大部分来自新东方。

鉴于胡敏事件，当时新东方高管都建议以后签订"竞业限制"合同，即限定新东方股东和董事及高管层的人员，在离开新东方的一定时限内，不得从事和新东方有竞争关系的业务。但俞敏洪说："其实新东方人出去了，我们就不应该追究了。新东方只是给了你一个舞台，当你跳得不舒服了，完全可以自己再搭一个舞台，无论你的舞台多大，只要你跳得舒服，就还是我的朋友。"

对手的挑衅、强敌的围剿、内部的背叛，面对这些碾压，俞敏洪坚持不与竞争对手展开正面冲突，以避免陷入低级的恶性对决之中。没有谁能从对抗中真正获益，竞争不该是对决，而应该成为赛跑。俞敏洪真正把竞争变成了一种前进动力。

· 经营智慧 ·

成为串起珍珠的那条线

1996 年的一天晚上，徐小平、俞敏洪、王强、杜子华四人忙完工作回家，忽然看见路边一个新开张的桑拿浴池，于是在徐小平的提议下，大家决定一起进去洗洗蒸蒸，放松一下。

徐小平回忆道："我把自己脱剩最后一件纺织品，看看王强、杜子华，欣喜地发现他们也都处在犹豫不决、欲脱还羞的状态。于是我们心领神会，不约而同选择了一个折中的方案：脱，但不全脱，留下最后一块遮羞布，投入一次西方特色的中国集体洗浴活动。

"就在我和王强老杜三人忸忸怩怩、走投无路的时候，只见俞敏洪早已身手敏捷地把自己剥玉米一样剥了个一干二净，然后像个刚刚出生的孩子，一丝不挂地啼叫着冲进了水池，溅起一阵欢乐的水花和叹爽声。

"四个新东方创业大老，一起在公共浴室洗澡。其中三个海归，穿着短裤泡在热水中，完全不尊重中国洗浴文化传统，而且为了公平起见，还努力控制着自己的目光，不去窥测别人倾泻无余的灼灼春光，而我们热爱的老俞，却赤条条来去'有'牵挂，在那里上下其手，左右开弓，力图把身体洗个清澈透明，享受着自孔子沂水春浴以来最快乐的一次洗涤。"

从洗澡脱与不脱的区区小节中，可以看出俞敏洪和他的高级合伙人之间的差异。俞敏洪，他豁达，他"土"，他真实，他有一种大哥的气派；而那些海归，他们洋气，他们雅，他们满身知识分子气息与商业格格不入，他们是被文明过度包装、深具才华却又那么脆弱的人。这群敏感而脆弱的精英们，必须有一个满不在乎的"江湖大哥"黏起来才行。俞敏洪正是充当了这么一个角色。面对这些"碰不得，硬不来"的"价值连城的瓷器"，俞敏洪坦言自己的黏合法宝就是：超乎常人的忍耐与宽容。

"和其他企业相比，新东方的人员结构确实比较特殊。"仔细分析，在中国的企业里确实找不到类似于新东方这样的企业，员工中聚集了如此多知识分子，其中大部分员工还都有着高学历的教育背景。

用俞敏洪自己的话来讲，新东方是一个"大腕云集"的地方。徐小平游学美国、加拿大，再次见面时，已经事业有成，在温哥华拥有优雅的办公室和舒适的住房；王强两度飞越重洋并定居美国，经过超常的努力，成为贝尔实验室的高级电脑工程师；被朋友们怀疑不食人间烟火的哲学家包凡一，在北美的现实压迫下，读完传播学硕士之后，再熬出一个 MBA，居然成了美国通用汽车公司的会计师。

还有钱永强，美国耶鲁大学商学院 MBA，新东方著名教学专家，作为投资人，他投资了交友网站世纪佳缘；周成刚，澳大利亚麦觉里大学传播学硕士，之前担任过 BBC 亚太部记者和节目主持人；中国英语考试培训界的领军人物杜子华，他是英语考试培训界的领军人物；胡敏当时已经是国际关系学院英语系硕士生导师……

面对这群精英，用传统的现代企业管理制度来管理，无疑是行不通的。跟他们相比，北大毕业的俞敏洪是明显的弱势人物。

徐小平曾是俞敏洪的老师，俞敏洪留校任教后两人成了同事。他 1983 年毕业于中央音乐学院。1983 至 1987 年，先后任北京大学艺术教研室教师、北京大学团委文化部长、北大艺术团艺术指导。1987 年至 1995 年，在美国、加拿大留学、定居，并获加拿大萨斯卡彻温大学音乐学硕士学位。1996 年 1 月回国，创建新东方咨询处，从事新东方出国咨询和人生咨询事业。徐小平自称为"俞学大师"，并将自己与俞敏洪的合作关系概括为四个阶段"一靠俞，二帮俞，三批俞，四逼俞"，统称为"四俞"。

徐小平是个惯于率性而为的人，其毫无恶意的言行，经常无形中得罪到人。对外人可能还会有所保留，但他对俞敏洪从不口下留情。不管俞敏洪是精力充沛，还是只睡了三四个小时，徐小平想说就说，不分时间，不分场合。一开始俞敏洪还反驳一下，结果被徐小平批判得更凶："你要是继续像个农民一样劣习不改，新东方什么时候才能脱胎换骨呢？"后来，俞敏洪懒得反驳了，他对付徐小平，就一个字：忍。

钱永强曾是俞敏洪的学生。1993 年，还在上大学的钱永强参加了新东方 GMAT 班，与新东方结缘。大学毕业后，他毛遂自荐当了新东方讲师。据说为了能留在新东方，他甚至把俞敏洪堵着下不了车，逼着他同意自己的试讲请求。俞敏洪似乎很吃这一套，钱永开创了新东方"学而优则教"之先河。钱永强凭借独特的教学风格，很快成为新东方的明星讲师之一。

1997 年，钱永强通过做讲师，攒够去耶鲁大学留学的资本，离开了新东方。2000 年，学成归来的钱永强，摇身一变成为新东方当时最年轻的副校长。留学镀金后的钱永强变得更加直言不讳。他的"耶鲁标准"有时候让其他人很难受，其中包括性情中人徐小平。徐小平和钱永强两个直肠子的人，经常起摩擦，加在中间的俞敏洪，也只能一忍再忍。

因为高才汇聚，新东方的发展史简直就是一部"斗争史"。对于他们的明争暗斗，俞敏洪尽可能把身段放低，"成为串起珍珠的那条线"。俞敏洪所做的就是将自己这根线尽可能地磨坚固，不管被谁磨，都不能断。"只要这根线不断，新东方珍珠项链还会再长。所以我觉得我只要做好这根线就行了。"

光鲜而充满威望的领导者角色，在俞敏洪这里成了委曲求全的穿线人。俞敏洪宽容的性格，使得新东方挫而不折、乱而不散，一路磕绊直至今日。

· 企业文化 ·

"利益＋人情"

"研究曹操和刘备这两个人为什么能称霸一方？我发现，他们得天下，刘备偏重人情，用人情来拉拢人。你们都是我兄弟，打天下就是一起的，就是兄弟，结拜。曹操没跟任何人结拜过兄弟，曹操用的是什么？是利益，当然也有人情。曹操有智慧，有思想，有人品，但是他更多用的是利益和规矩。"

俞敏洪认为，企业要干好，三个方面最重要：一是利益，二是权力，三是人情。但是，俞敏洪说自己权力欲不大，所以他只抓住两点，利益和人情。

在新东方刚刚起步之时，俞敏洪自己不拿工资，甚至还拿钱贴补学校。当时，新东方的生源并不多，一个班只有二三十人。可新东方老师的工资比周边培训机构老师的工资都高。老师们一算账发现：老俞给我这么多钱，自己完全不赚钱了，竟然还有这样的老板！于是，他们的干劲儿就愈发大了。

当时其他培训班老师工资相对比较高，俞敏洪除了贴钱之外，还把股份分给老师，最后形成了一个规矩：很长一段时间，老师进来都分股份，最终的结果是学校还没有干大就有几十个股东。看看现在给员工分股的做法多流行，我们不得不佩服俞敏洪的超前。

"我把自己的钱补贴给老师，老师感到心平气和，新东方保持安定，换来发展机会。我这么做，也释放一个信号：学校不是我一个人的。而且我知道如果一个班只有40人的时候，利润都拿来作为老师们的工资了，但到了50、60人的时候我的行政费用就出来了，到100人的时候就有40个人的学费是我的利润。"

从创业开始，俞敏洪就学着在利益和人情之间找平衡点，慢慢形成了一套自己的经验。对于不同的人，他采取的先后顺序不一样，但都是用了"利益＋人情"这把宝剑。

对待为其打工的普通同事，他是在保证利益的前提下，再搞交情。"我发现，利益放在第一位，假如我给你的利益超过了别的地方给你的利益，那么，你留下来干的可能性就比较大。第二，在给你利益的情况下，我再给你人情，你就会很舒服，你就不会到别的地方去了。当时，我的人情比较低级，就是请老师吃饭，喝酒，出去玩儿。我们是哥们儿，我们是兄弟。我当时就是在这种浅层次上，用利益和人情调整关系的。"

而对于自己的高级合伙人，他则采取了先谈交情后讲利益的原则。毕竟，这样的合伙人更看重的是自己的长远发展，而不是短期利益。

俞敏洪认为："既然我们一起干，最好能够把利益和权力分清楚。由于过去深刻的友情关系，王强、徐小平从来不把我当作上下级的，他们都以为他们是我的上级，在管理上不能令行禁止。

"当时新东方还在中关村的两间平房里，所以我不能给他们更多的许诺，但我实现了自己当初的承诺，最后我给他们划定范围，我说自己搞的只是初步考试这一块，你们回来以后可以通过新东方这个平台，开展其他培训。我为他们创造了创业平台，全部前期投入都是我自己来，利益关系我仍然采用第一期的办法，那个时候我想如果给他们开工资，他们肯定没有热情，所以我们当时确定的状态就是大家共同做新东方的品牌。"

正是俞敏洪早期使用"利益＋人情"这两张牌，才形成了新东方后来"团结互助、平等快乐、坦诚沟通"的文化氛围。至今，很多人选择去新东方，还是奔着像家人一样的氛围为自己干的文化而来。几乎所有在新东方待过的人，都称赞其文化既舒服又公平。

· 领袖魅力 ·

善于"熬鸡汤"的商人

俞敏洪可以说是企业家界的"鸡汤王"。草根出身的他，总是能用热血沸腾的语言，激发员工、学员和身边的人，以及千千万万的创业者。

"人必须要有目标、梦想，有了目标你在繁忙的生活与工作中才不会迷失方向，在停下来之后会知道自己要去做的事。正如长江与黄河心怀流入大海的理想，一个长驱直入，一个九曲十八弯但最终都会流入大海。"

"有些人一生没有辉煌，并不是因为他们不能辉煌，而是因为他们的头脑中没有闪过辉煌的念头，或者不知道应该如何辉煌。"

"人的生活方式有两种：一种是像草一样活着，你尽管活着，每年还在成长，但是你毕竟是一棵草，你吸收雨露阳光，但是长不大。人们可以踩过你，但是人们不会因为你的痛苦而产生痛苦；人们不会因为你被踩了而来怜悯你，因为人们本身没有看到你。所以，我们每一个人都应该选择第二种活着的方式——像树一样活着，像树一样成长。即使我们现在什么都不是，只要你有树的种子，即使你被踩到泥土中间，你依然能够吸收泥土的养分，自己成长起来。当你长成参天大树以后，在遥远的地方，人们就能看到你，走近你，你能给人一片绿色。活着是美丽的风景，死了依然是栋梁之材，活着死了都有用。"

"人最重要的是你能适应白天，也能适应黑暗，在白天能看到阳光的灿烂，但是在晚上也可以看到黑暗的星星，其实这个世界本来就是一个黑白交替的世界，在黑暗里要看到黑夜的美丽。"

"一块砖没有什么用，一堆砖也没有什么用，如果你心中没有一个造房子的梦想，拥有天下所有的砖头也是一堆废物；但如果只有造房子的梦想，而没有砖头，梦想也没法实现。当时我家穷得几乎连吃饭都成问题，自然没有钱去买砖，但我父亲没有放弃，日复一日捡砖头碎瓦，终于有一天积攒了足够的砖头来造心中的房子。"

"当一个人什么都不缺的时候，他的生存空间就被剥夺掉了。如果我们每天早上醒来，感到自己今天缺点儿什么，感到自己还需要更加完美，感到自己还有追求，那是一件多么值得高兴的事情呀！"

"创业一定是苦中作乐的，要有一种美好的向往，想着它成功的那天，这也是创业的乐趣。"

早期俞敏洪给学生上课的时候，讲鸡汤故事太投入，经常忘了学生的问题。大家听得津津有味，最后都忘了俞老师还有问题没有回答。俞敏洪出名后，经常去演讲，每一次演讲，最终都会烹饪出一大碗心灵鸡汤。他的鸡汤不仅涉及职业范畴，还指导人生方向。新东方集团下属图书公司年销售图书1000万册，其中俞敏洪所著《挺立在孤独、失败与屈辱的废墟上》《永不言败》《生命如一泓清水》《从容一生》《大河奔流的精神》等励志图书，超级受欢迎。

空洞的"鸡汤"招人烦，但有人生丰富经历和事业成功背书的"鸡汤"就不一样了。

1998年8月21日，俞敏洪开车回家。他一个人住在某小区一幢楼的3层。晚上9点多，俞敏洪进了楼门。然而，楼道内的感应灯不亮，他正纳闷时，在2楼和3楼的交叉点下来两个小伙子，一前一后把他堵住了。一把手枪顶在了俞敏洪头上，一个小伙子掏出一个针管，朝他胳膊就是一针。另一人在他的背包里找到了进门的钥匙。注射的药很快产生了作用，俞敏洪陷入了昏迷。一个多小时后，俞敏洪在自己的家里苏醒了过来，他发现自己手脚都被布条捆着，被劫匪扔到了床上。

第二天，俞敏洪在医院醒来。医生告诉他，劫匪给他注射的麻醉剂是动物园给大型动物使用的，剂量大得吓人，而且推的速度很快，他是捡了一条命。令俞敏洪想不到的是，对他下此狠手的劫匪，其中之一就是与他相识的张北。俞敏洪曾因办学跟张北接触过，用他的一个园子办了一期培训班。劫匪在俞敏洪家里抢走了200多万元现金。

直到2006年7月，北京市第二中级人民法院才对这起凶残的抢劫杀人绑架系列案做出了宣判，在抢劫系列案被害者中，俞敏洪是唯一的生还者。

农村出身，连续三年参加高考，终于上了北大。被北大开除后，艰苦创业，把新东方从一个培训班变成一个美国上市的集团化公司，寒门逆袭加上大难不死的经历，俞敏洪的传奇人生，成为他的"鸡汤底料"，对于年轻人有着致命吸引力。而新东方的客户群正是以年轻人为主。

俞敏洪本质上是一个商人，他很好地利用了自己的人生故事和"人设"，成就了独特的个人魅力，以青年导师的形象在企业家界独树一帜。

· 商业真经 ·

俞敏洪经典语录

1. 你不努力，永远不会有人对你公平，只有你努力了，有了资源，有了话语权以后，你才可能为自己争取公平的机会。

2. 当你征服一座山峰时，它已经在你脚下了，你必须再找一座山峰去征服，否则，你只有下山，走下坡路了。

3. 我们倒是都自卑过，因为长相，因为穷！所以，不要认为你一无所有，当你一无所有的时候，是上帝帮你倒空了垃圾，让你装进去对你有用的东西。此时，你离那个人生腾飞点已经很近了！

4. 人的生活方式有两种，第一种方式是像草一样活着，你尽管活着，每年还在成长，但是你毕竟是一棵草，你吸收雨露阳光，但是长不成大树。人们可以踩过你，但是人们不会因为你的痛苦而产生痛苦；人们不会因为你被踩了而来怜悯你，因为人们本身就没有看到你。所以我们每一个人，都应该像树一样的成长，即使我们现在什么都不是，但是只要有树的种子，即使被踩到泥土中间，依然能够吸收泥土的养分，自己成长起来。当你长成参天大树以后，在遥远的地方，人们就能看到你，走近你，你能给人一片绿色。活着是美丽的风景，死了依然是栋梁之材，活着死了都有用。

5. 大学教育好像买一张火车月台票，只是给你机会进月台，但是上哪班车，去哪个方向，到哪一站下车，那完全靠你自己。

6. 我用望远镜找的不是对手，是榜样。

7. 人生是一场未有尽头的马拉松，不在于你是否先走，而在于你能走多远。

8. 即使在现代到处都充斥着欺骗的社会，人们依然欣赏诚信、善良、乐于助人、开朗、有团队合作精神的人。

9. 创业就像结婚，你首先要面对的是与恋爱时期不同的感情变化，那就是你结婚的对象有可能是一个不堪的男人或女人，而且你还要跟对方过一辈子。

10. 现在很多年轻的创业者找我要投资，知道我喜欢谈情怀，上来就跟我谈情怀，说这件事多么有社会意义。我确实是喜欢谈情怀的人，创业者也可以跟我谈情怀。但想不通怎么挣钱就意味着你没有商业头脑，如果以这种状态进入商业领域，迟早是要被玩死的。

11. 一个创业公司有内部纠纷很正常。新东方就是几个合伙人打架打出来的，但面对重大的矛盾我从来没有失去过主导权。谁最终负责，谁说话算数。不听我话的人请离开，否则没法主导公司发展，也没法对公司的最后结局负责任。

12. 一个人的远见和企业的远见都不是一蹴而就的，是随着自己能力的提升不断延伸的过程。我本人就是从一个没有任何远见的农民，成长为中国教育界有一定远见的企业家和教育工作者。

13. 人会有智商、家庭背景、长相上的差别，但是只要有一种东西出现了，就会使你在社会上层层进步，那就是努力。

14. 我对自己提出了七句话，作为自己做事情的原则和指导，这七句话是：用理想和信念来支撑自己的精神，用平和和宽容来看待周围的人事，用知识和技能来改善自己的生活，用理性和判断来避免人生的危机，用主动和关怀来赢得别人的友爱，用激情和毅力来实现自己的梦想，用严厉和冷酷来改正自己的缺点。

15. 智慧的人远离危险，聪明的人解决危险，愚蠢的人招引危险。

16. 我做事就是比较有毅力，我从小时候开始就是这样的。我有一个特点，比较喜欢持续不断、长期性的努力。新东方能做到今天，跟我这个特点也是有关系的。我从来不担心别人比我做得更好或是更快，我可能要用更长的时间，但我的结果不一定会比别人的差。

17. 做事像山，如果有一个目标在你眼前，这个目标对你的生命进步很重要，你就要坚定不移地追求，不能随便改变，要像山一样坚强坚定。但做人要像水，水是流动的，水是变化的，水是往低处流的，如果你把自己放得很低，你的容器就会越来越大，你会容纳越来越多的东西，你会变得宽广。一个小小的池塘是容易被污染的，但是一个大湖和大海则相对不容易被污染，可以容纳更多的东西，最后还可以去净化别人。如果确定了这两大基本原则，我觉得你做任何事情基本上就成功了一半。

18. 凡是控制不了自己情绪的人都是做不了大事的。

19. 在你成功以前，你永远是孤单的，没有人能帮得上你，没有人会崇拜你和注视你。God helps those who help themselves（天助自助者）。

20. 藏在失败背后的机会是最好的机会。

21. 小的时候，家里很穷，有一次我得到两颗水果糖，这对一个农村的小孩子是多么珍贵。可是这时来了两个小伙伴，我把糖剥开给了他们，我舔糖纸。我愿意把我所拥有的糖果玩具全部交给我的小朋友，自己什么都不留，所以小朋友全部都跟着我走。散财聚人就是这个概念，这个"财"还包括感情上的"财富"。

22. 一个敢于在员工面前公开承认错误的领导不仅不会因为错误而丢失在员工心中的威信，反而会得到员工的更进一步的尊敬爱戴。

23. 你想知道自己的价值有多少，看看你身边的朋友，选出五个朋友，他们价值的平均值就是你的价值。

24. 企业要干好，三大块儿，一是利益，二是权力，三是人情。

25. 企业家的人品，将能成为危机时向人求助别人是否出手相帮的关键。

26. 创业不是用钱就能堆得出来的，创业是人在创造伟大的事业，"人"是创业中最关键、最重要的组成部分。在新东方，我们用人最大的原则是：只要符合条件，什么人都敢用，绝对不会给人才晋升造成人为的障碍。

27. 只有知道如何停止的人，才知道如何加快速度。

28. 人在年轻的时候，就像一堆面粉，洁白、纯粹，却没有力量，风一来就吹散了。放上水揉一下，然后一捏，面粉很容易会散开，但是你继续揉，揉了千遍万遍以后，它再也不会散开了，你给它拉长它也不会散架，它只会变成拉面，这是因为它有了韧性。

29. 创业并不需要太多的钱，关键是你有没有破釜沉舟置之死地而后生的勇气。如果钱多了，创业也就无所谓创业了。

30. 只有心中无敌，才能无敌于天下。你的气度决定着你的对手的未来，不是说你的厉害决定着你竞争对手的未来。

成杰智慧评语

我在《大智慧：生命智慧的十大法门》一书中有这样一个观点：世上的伟人有两种，一种是天生拥有真正大智慧的人，一种是经过苦难磨炼，被逼出来的人，后者更让人钦佩。俞敏洪就属于后者，是那种更让人钦佩的人。

三次参加高考才考上大学，大学五年才毕业也不算什么，被外国大学拒于门外也算正常，在北大受辱离开，人生霎时归零也没什么大不了，俞敏洪面对人生中的种种困难和坎坷，坦然处之，这些都成了他以后创办新东方的能量沉淀。

大量资料显示，在充满逆境的当今世界，事业的成败、人生的成就，不仅取决于人的智商、情商，也在一定程度上取决于人的逆商。

逆商 AQ（Adversity Quotient），全称逆境商数，一般被译为挫折商或逆境商。它是指人们面对逆境时的反应方式，即面对挫折、摆脱困境和超越困难的能力。也就是我们所说的抗压能力。有了这种逆商，俞敏洪才能在瑟瑟寒风中，在电线杆上贴小广告，才能在新东方出现一个又一个问题时，迎难而上。

俞敏洪没有在逆境中迷失，而是坚定地走出了自己的成功道路。不管面前横隔着多少艰难险阻，他都积极主动、下定决心、目标明确、权衡利弊、改变自我、注重精神、磨炼意志、坚持到底、实事求是、逐步培养、乘胜前进，在这个过程中，他创造了一个又一个奇迹。

现在的俞敏洪回忆起过去的经历，没有一点苦涩，反而觉得庆幸，他说："北大踹了我一脚。当时我充满了怨恨，现在充满了感激。如果一直混下去，现在可能是北大英语系的一个副教授。"俞敏洪不仅无视困难的可怕，还在困境中发现了机会，就像蚕蛹破茧而成蝶，老鹰击啄脱羽而重生，凤凰涅槃浴火而重生，钻石久经磨砺而生溢彩。

对很多创业者来说，天赋异禀、具有得天独厚的天赋资源是非常难得的，更多的人天赋资源是有限的，也许甚至是贫瘠的，外部环境是恶劣的，甚至是残酷的，但只要有勇气去努力改变自己，顺应环境，玩好自己手里的牌，争取最好的结局，就一定能有所斩获。

明代人归有光讲过这样一句话："天下之事，因循则无一事可为，奋然为之，亦未必难。"只要我们保持着向上的信心，去谋求发展，就没有战胜不了的困难。困境对于懦弱的人是沉沦的陷阱，对于不屈不挠的人是向上的推力。

生命的伟大在于历经苦难，苦难是一种财富，它比幸福更难忘怀。一个没有经历过苦难的人，要想成功，要想有所成就，几乎不可能。因为不经历失败，就不知道跌倒的滋味，更不知道跌倒了如何爬起来。只有在一次次跌倒又爬起的过程中，勇气和毅力才会增加，这种勇气和毅力最终能带你步入成功。

第 10 章

郭广昌

重点提示

创业故事：借 3.8 万元创业，三年实现 1 个亿

商业模式："资本＋产业"双引擎协同发展

竞争理念：搞不过，就收购

经营智慧：善于做机会主义者

企业文化：集体英雄主义

领袖魅力：中国自己的巴菲特

商业真经：郭广昌经典语录

成杰智慧评语

· 创业故事 ·

借 3.8 万元创业，三年实现 1 个亿

郭广昌 1967 年 2 月出生于浙江东阳横店一户贫苦农民家庭。父亲是一名石匠，母亲是一名菜农，郭广昌 14 岁的时候，父亲在一次爆破工作中，右手炸伤，落了个残疾，再也不能去建筑工地揽活了。后来，郭父被安排到村里一个集体企业当门卫，每月领取 15 元的工资。自此，郭家经济非常拮据。两个姐姐都辍学了，她们靠编草鞋赚钱，和爸爸妈妈一起供郭广昌念书。

郭广昌成为家里唯一的希望。农忙的时候，父母和姐姐们为了不耽误他的学业，宁可自己辛苦点，也不让他做。"家里这么忙，又不让他干活，他心里也难受的。后来就干脆不回来了，一心读书。"

像大多数的农家父母一样，郭广昌的父母也希望自己的儿子早日跳出"农门"，因此父母让他报考了师范学校。师范学校不仅免学费，还有补贴，毕业后可以成为一名公办老师。就这样，成绩优异的郭广昌报考了师范学校。拿到中师录取通知书的郭广昌，就像拿到人生的判决书。他想：难道这辈子就待在东阳做一名乡村教师吗？

经过激烈的思想斗争，郭广昌做出了第一个改变自己一生命运的决定——放弃中师，改读高中。这个决定，几乎影响了郭广昌的一生。父母不允，他就悄悄卷了一床竹席，背了十几斤米上了东阳中学。靠着每星期回家背几斤米和一罐霉干菜，他熬过了高中三年。

1985 年，郭广昌考入复旦大学哲学系。专业不理想，他就把更多的精力放在了接触社会上。大二的时候，他一个人骑自行车沿大运河考察到了北京；大三时，他组织十几个同学搞了个"黄金海岸 3000 里"活动，骑车沿海考察了新成立的海南省。毕业时，在校表现优异的他，被留在了校团委。

在学校团委，他工作十分出色。但他渴望看到更广阔的天空，他想出国留学，并为此积极准备，先后通过了 TOFEL 和 GRE 考试，而且还准备好了出国所需的资金。然而，1992 年，邓小平南行，这件事改变了他的人生轨迹。这一年，中国第二次创业大潮来临。

经过权衡和思考，24 岁的郭广昌放弃了出国的念头，用从老师、亲戚、朋友们那里借来的 3.8 万元，与同学梁信军一起，创办了一家市场调研机构——上海广信科技发展有限公司，成为"92 派"创业家的一员（郭广昌是复旦大学团委干部，梁信军是校团委调研部长）。

复星最早的雏形就是在不足 15 平方米的小房间里诞生的这家咨询公司。当时，公司最值钱的家当，是一台 386 电脑。为了跑业务，郭广昌不得不经常骑着一辆自行车穿梭在上海的大街小巷。

1993 年，台湾元祖食品公司进入上海，寻找专业咨询公司为其发展出谋划策。广信最终获得合同，元祖甚至在合同数额之外奖赏了 2 万元。25 岁的郭广昌赚到了人生第一个 100 万元。

1993 年，广信更名复星，意为"复旦之星"。复星"五剑客"中的汪群斌、范伟、谈剑在这时陆续加入复星。四个合作伙伴，三个学遗传学，一个学计算机，而学哲学且"身无长技"的郭广昌，因为考虑问题比较全面，成为复星的灵魂人物。

当时中国风口产业是房地产和生物医药领域。郭广昌先是试水房地产小赚了一把。当时他们代理了一个为留学家庭设计的楼盘，不过卖得不好。郭广昌最后想到了一个办法，他找了一个留学机构的朋友，拿到了上海那些有留学孩子家庭的住址，然后一家一家去跑。终于，他成功赚到了人生的第一个 1000 万元。

一起创业的四个同学中，有三个是生物制药毕业的，生物制药自然成了复星的关注点。他们回到母校，找到生命科学院一种新型基因诊断产品——PCR乙型肝炎诊断试剂，开始介入生物医药。复星提供基因诊断检测设备和技术人员，医院提供场地，利润两家分成。

其他几位都参与了 PCR 研发，郭广昌虽然不懂生物制药，但他是一个销售好手，很快就建立起了销售网络。1995 年，复星以其 PCR 乙型肝炎诊断试剂，赚到了人生中第一个 1 亿元。

1997 年，郭广昌拿到了进出口权，开始在巴西、印度、南非等国家拓展业务。1998 年，复星医药上市，融资 3.5 亿元。同年，复星旗下地产平台复地成立，至此，复星集团医药和房地产两大板块顺利成型。郭广昌奠定了事业基础。

· 商业模式 ·

"资本 + 产业"双引擎协同发展

2004 年 5 月，德隆崩盘，因为复星和其在多元化大举收购、拥有多家上市公司等方面有太多相似，外界纷纷猜测，下一个倒下的会不会是复星。

2013 年 11 月，"郭广昌在香港被限制离境"的消息在媒体圈疯传，第二天，郭广昌本人出面澄清。

2015 年郭广昌被抓的消息甚嚣尘上，很多人都以为郭广昌从此完了。然而，他出人意料地准时出席了复星 2015 年年会。

创业 26 年，郭广昌和复星多次被质疑，但始终没有倒下，其秘诀在于资本和实业"两手都要硬"的商业模式。

仅凭做实业一点点积累，无论如何都成就不了今天的复星帝国；同样，仅凭资本腾挪，无论如何也成就不了今天的复星帝国。郭广昌是个地地道道的资本运作高手，但他总对人强调，"我说的是投资，但其实我心里面装的都是产业。"

"资本＋产业"双引擎协同发展，是复星在商海浮沉的市场环境下岿然不动的根本。而复星商业模式，是郭广昌从两个商业传奇人物那里学习的，前期学习的李嘉诚，后期学习的巴菲特。

亚洲首富李嘉诚的大部分财富是靠后期的投资赚到的。1979 年，51 岁的李嘉诚以小吞大收购了和记黄埔，从之前的实业家变身投资家。之前的长江集团市值不过 6 亿多港元，之后李嘉诚的个人身价突破数千亿。

在李嘉诚的启示下，郭广昌成为中国大陆"产业整合的先驱"。他所掌舵的复星集团，犹如大陆版"和记黄埔"，横跨生物制药、钢铁、房地产、信息产业、商贸流通、金融等多个领域。郭广昌和李嘉诚一样热衷投资，复星集团得以直接、间接控股和参股上百家公司。

实业家郭广昌的转变源自 1998 年复星实业上市，当时复星一夜之间募集资金 3.5 亿元，郭广昌第一次被资本"四两拨千斤"的魅力震撼。此后，郭广昌开始将产业与资本对接。

郭广昌先是把融到的资金投入到了房地产市场，推出了复星花园，当时从开盘到卖光只用了两个月的时间。之后，复星陆续推出了 11 个楼盘，并且成为上海滩上最重要的房地产公司。2004 年复星地产也成功在香港上市。当时连续几年，复星地产都是中国前十的地产公司。

2001 年，郭广昌收购豫园商城，同年，入股友谊股份，成为友谊股份第一大股东，并控股联华超市。

之后，郭广昌通过控股南钢，又进入了钢铁领域，到了 2007 年，钢铁板块给复星贡献了 230 亿元营收，成了公司收入最大的板块。

郭广昌通过资本运作，逐渐打造出以复星实业为核心的医药产业，以复地集团为核心的房地产业，以南钢股份为核心的钢铁产业，以豫园商城为核心的商业"复星系"。

2007 年 7 月，"复星系"在香港实现集团整体上市，融资 128 亿港元。郭广昌加大投资力度，开始将学习的榜样转为巴菲特，复制巴菲特"产业＋投资＋保险"模式。从 2007 年复星参股永安财险进军保险业，到 2018 年 8 月，复星系成为其第三大股东，坐拥 8 家保险公司，复星系保险帝国打造成功。复星集团目前已形成了财险、寿险、再保险"三驾马车"的保险业务发展态势，学习伯克希尔·哈撒韦公司，保险在复星体系内会越来越重要，成为几大产业之首。

除了大力打造保险业之外，复星的版图在继续扩张，包括入股分众、插足新浪、携手地中海俱乐部和 Folli Follie 集团、与凯雷合作成立了私募股权基金、入股在全球 30 个国家经营着近 80 个一站式服务度假村的地中海俱乐部、收购加拿大国宝太阳马戏团、收购英国老牌足球队等。

通过多元投资，郭广昌构筑起"利润和现金流平衡、成长性和稳定性并重、国内国外两个市场依存、产业资本和金融资本并举"的产业结构。郭广昌的思路一直很清晰：把复星集团各单元分拆上市，从香港和内地的两个资本市场获取更多的资本，进行产业整合，夯实复星帝国基石。

· 竞争理念 ·

搞不过，就收购

在竞争上，复星走的是多元化规模取胜路线，避免在单个领域拼个你死我活。一言不合就并购，即郭广昌的竞争理念。

简单回顾一下就可以发现，郭广昌的套路就是：每进军一个领域，就并购一家或多家明星企业，来迅速提升竞争力。

- 医药板块 -

复星靠医药发家，在 1998 年上市后就一路并购，收购国内药企不计其数。上海五洋药业、天津药业集团、江苏万邦生化医药、广西花红药业、重庆药友制药、河南信阳信生制药、山东金城医药……2002 年开始与美国 biolog 公司合作成立复星佰珞公司，重点发展临床微生物诊断与药敏鉴定产品；2013 年收购全球领先的激光美容医院设备供应商 Alma lasers 和关注个性化药物剂量诊断检测的美国企业 Saladax Biomedical；2017 年 10 月，复以 10.91 亿美元收购印度药企 Gland Pharma 约 74% 的股权。通过并购医药同行业企业，"拿来"其特长项目，实现"内涵式增长"。复星医药目前已成为世界市值第三大的医药分销企业。

- 房地产开发板块 -

1994 年，复星地产第一个成功项目——复星花园，是和大华集团合作开发的。2004 年，复星和摩根史丹利合作投资复星雅园项目，和荷兰国际房地产开发复地香堤苑项目和复星国际项目。

- 钢铁板块 -

郭广昌完成了中国史上要约收购第一单——南钢股份。国有企业南钢以中厚板精品为主，在船板、石油管线钢等细分领域已具有一定品牌优势，并拥有百万吨左右的特钢棒线材生产能力。

- 矿业板块 -

2004 年复星与山东国企招金合资成立招金矿业，通过招金矿业在香港上市，接着收购了山焦五磷和海南矿业。海南矿业拥有中国最大的富铁矿。

- 零售板块 -

复星通过收购豫园商城高调介入零售版块，而豫园商城是著名的上海"老八股"，位于城隍庙附近。后来，复星又投资中国最大的从事户外广告及广告代理业务的分众传媒。

- 时尚板块 -

早在 2011 年，复星就购入希腊高端珠宝服饰零售商 Folli Follie 集团股权；后投资德国服饰品牌 Tom Tailor、美国高端女装品牌 St.John、法国时尚品牌 IRO 和以色列死海泥护肤品牌 Ahava。近两年，复星又接连收购法国历史最悠久的奢侈品牌之一 Lavin、意大利奢侈内衣品牌 La Perla。

- 保险板块 -

从投资永安保险介入，复星先后参股或收购了美国保德信金融集团、葡萄牙最大的保险集团 Caixa Seguros、美国特种险企业 Ironshore、以色列保险和金融服务公司 Phoenix Holdings、美国劳工险公司 Meadowbrook、中国新华保险等，形成了财险、寿险、再保险"三驾马车"的保险集团。

- 食品板块 -

复星以约 66 亿港元从日本朝日（Asahi）饮料集团收购中国青岛啤酒 17.99% 的股权，此收购将使复星成为青岛啤酒的第二大股东。与三元股份共同收购法国低脂和健康涂抹酱生产商 St Hubert（圣休伯特）。

- 金融板块 -

复星投资了中国最大的民营银行——民生银行，收购超过 50 年的巴西当地银行 Banco Indusval S.A. 的子公司——巴西机构经纪及财富管理公司 Guide Investimentos S.A.。

企业的成长及其核心竞争力的提高有很多途径，其中并购就是一个快速提升企业核心竞争力的重要途径。通过大手笔收购明星企业来武装自己，郭广昌的终极目标是："5 至 8 年后的复星，应该像现在的阿里和腾讯。"而目前，在阿里和腾讯的眼中"没有竞争对手"。

· 经营智慧 ·

善于做机会主义者

借款 3.8 万元创业复星，到如今坐拥 8 家保险公司，控股 100 多家公司，复星帝国市值达 1804 亿元。火箭般发家经历，被郭广昌用一句话总结："复星最大的成功就是抓住了机遇。"

"发现机会"的能力是复星的核心竞争力之一。持续发现增长机会，能做什么就做什么；持续发现投资机会，持续对接资本市场。复星的整个发展完全是摸索着一步步走过来的。

从咨询服务到房地产代理，再到生物制药、房地产开发，创业 6 年冲成上市公司；从进军钢铁、矿业，分享基础建设的蓬勃，再到冲进零售、消费、保险、高科技产业……复星所涉足的每一个产业投资，都被认为是正好踩在了中国经济的步点上，在合适的时间做合适的投资。

1990 年 7 月 12 日，国家体改委（1997 年 9 月已终止运行）发文，同意中国企业管理协会咨询部更名为咨询服务中心。1991 年，全国咨询机构总数达 34000 家，其中在工商局注册的有 21000 家。1992 年 6 月，国务院颁布《关于加快发展第三产业的决定》，明确服务行业为第三产业，咨询业是优先发展的行业之一，同时规定要简化注册手续。1993 年，国际咨询业巨头麦肯锡和波士顿进入中国市场，在上海开设分公司。可以说，郭广昌创业从咨询服务起步，不是无缘无故，而是在咨询业方兴未艾的时候。

1992 年，是中国改革开放史上历史性的转折点，中国房地产业正式起航，

1993 年复星就以代理商品房销售的方式迅速切入。

20 世纪 80 年代末期到 1995 年年初，是中国保健医药行业的第一个高速发展时期，复星在最好的时期进军医药产业。

复星收购南钢，南京市政府起到了关键性的作用。南京市政府一直渴望将地区经济的龙头企业南钢打造成国企改制的"样板"。2002 年 1 月，复星参股南京老山药业股份有限公司，多次受到南京市经贸委的邀请。其实，早在 2001 年 7 月，复星集团曾投资唐山建龙钢铁公司。从大环境看，2001 年以来，中国改革开放进入了新的历史阶段，钢铁工业发展坚持走新型工业化道路，产业规模迅速扩大，2001 年到 2008 年期间，钢铁产品的进出口格局发生了根本性逆转，彻底结束了中国钢铁材料供给不足的历史。

控股南钢股份的成功，成为复星进军重化工业的跳板，代表复星从原来只发展轻化工业进入轻重并轨发展的转型。最重要的是，复星因为收购南钢，孕育出矿业板块。2003 年，南钢联合成立金安矿业，复星持有金安矿业 60% 控股权，2007 年，复星复制南钢联合模式，与海南钢铁合资成立海南矿业股份，这一年，复星正式成立矿业板块。

2004 年，在黄金只有 400 美元一盎司的时候，郭广昌投资黄金。后来，400 美元的黄金变成了 1400 美元。同样，购买海翔药业，复星只投入了不到 3000 万元，两年后在 A 股上市，投资回报增长了 11 倍。

可以说，郭广昌的每一次投资，都很好地把握住了机会，所以回报都非常了得。

整体梳理一下复星集团发展的过程，就是对中国变化中的发展动力的判断和把握的过程。梁信军认为，中国发展动力从 1992 年到现在大致有三个阶段。第一个阶段，从 1992 年到 1998 年，主要是政府政策的开放准入和流动性的增加。流动性包含三个方面：一是农村富余劳动力的流动性，二是资金的流动性，三是土地的流动性。所以这个阶段和这几个因素相关的如劳动力密集型行业、房地产、中小金融机构等行业快速发展。第二个阶段，从 1998 年到 2008 年，这是中国重化工业腾飞的阶段。第三个阶段，从 2008 年起，是中国内需和金融服务快速成长的阶段。

梁信军认为，复星的发展高度契合这三个阶段。比如第一个阶段，复星从市场调查进入医药健康和房地产行业，成立了复星医药和复地。第二个阶段，复星投资了钢铁和矿业，参控股的企业如南京钢铁、海南矿业、招远黄金、唐山建龙、金安矿业等。第三个阶段，复星的主要投资方向则为消费及消费升级、金融服务、能源资源和制造业升级，并积极"走出去"，创新性地提出"中国动力嫁接全球资源"模式。

"东一榔头、西一棒子"的机会主义不值得提倡，但是"计划性机会主义"却得到全球顶级战略家推崇。著名领先创新和战略专家维贾伊·戈文达拉扬教授在2016年提出了"计划性机会主义"：洞察即将发生的改变及改变可能带来的机会，然后拓展非线性的商业构想。郭广昌无疑是一位"计划性机会主义者"。

· 企业文化 ·

集体英雄主义

郭广昌经常在公司强调，复星有两种资产，一个是复星账上的资产，一个就是人才。从创立复星开始，郭广昌就把人才放在最重要的位置，"复星能发展成全球化企业，依靠的核心力量就是人才"。

人才是支撑公司快速扩张的根本，但也可能是制约公司发展的边界。复星的快速扩张正是得益于人才瓶颈的不断突破。郭广昌把引进人才当作引进"老师"，在他看来，企业经营的过程就是一个不断找"老师"的过程，特别要学会用在某个领域比自己强的人。

对于人才，复星有自己独特的见解。

一是把人才作为资产来管理，做好人才资产的保值增值。

二是把引进人才作为一种投资行为，并且是回报率很高的投资行为。

为了网罗精英人才，复星学习了高盛集团的合伙人文化。所谓的合伙人文化，其实就是通过利益捆绑，让人才主动为企业卖命。高盛集团每年会分享给合伙人客观的红利，合伙人还可以参与公司项目跟投。不过，成为高盛集团的合伙人还是有风险的，投资项目有赚有赔，而且合伙人并非终身制。复星借鉴高盛合伙人经验，推出了自己特色的合伙人模式。

2016 年 1 月 11 日，复星国际发布公告，按行使价每股股份 11.53 港元，向 18 位合伙人全球核心管理人员授出共 1.11 亿股普通股股份购股权，约占目前复星国际总股本的 1.29%。这 18 位合伙人包括时任复星国际执行董事、复星集团各业务板块和职能板块的核心高管及海外投资企业的核心高管，是复星集团的首批全球合伙人。

关于合伙人的选拔标准，郭广昌说，"合伙人要有军人的素质，高效的执行力；同时对复星的愿景、事业又要高度地认同、信任，并充满热情，保持企业家状态。""企业家精神 + 高效执行力"是合伙人的必备素养。

通过推行合伙人制度，人才也可以持续认同复星的文化价值观。复星集团过于庞大，如何文化融合，本身就是一个难题。合伙人制度第一个功能是起到了统一价值观的作用。

全球合伙人之外，复星也还推出了团队 / 条线合伙人、核心企业合伙人等多维度合伙，以此激励优秀人才共同做大复星的平台和事业，以主人翁精神和企业家状态自我驱动。

"复星任何一个项目投资合伙人必须跟投 1%，如果他没有钱，谁投资决策支持他的人，投决会的成员举手表示支持这个项目，他投钱。也就是'你的风险得和我捆在一起'。"

合伙人制度推出的同时，复星也在组织和决策流程上持续变革。其中最重要的变化是，以前，团队有限的时候，复星实行的是层层上报的金字塔形组织架构，变革后则变成与合伙人、项目制完善配套的，高效、扁平、网状的精英型组织，并充分利用移动互联网技术，将组织体系进一步扁平化、高效化。合伙人制度因此也起到了第二个功能：防止大企业病的作用。

郭广昌在 2016 年致合伙人的信中提到，直到 1998 年复星医药上市，合伙人之间才明确了各自的股权比例。而且，这个比例是动态的，意在留下豁口，希望有更多的人加入进来共同创业。

2017 年 3 月，与郭广昌一同创业的两位核心人物梁信军、丁国其双双离职。尤其是梁信军的离开，一度引起相当大的反响。对此，郭广昌解释，"信军由于身体原因暂时要休息，我是表示遗憾，也表示不舍。但企业就像一个球队，我们不断要去赢，总是有一些球员需要休息，有新的球员要补充进来。所以复星永远是一个有战斗力、充满新鲜血液、充满激情的企业家球队。"合伙人制度，起到了第三个功能，补充血液，实现管理层更迭。

复星全球合伙人的招聘计划还在进行中。郭广昌说，"复星的一个全球合伙人就是复星的一个事业，一片江山，而复星的生态边界在哪里？则取决于复星能在多大边界之内网聚到多少合格的全球合伙人。"

· 领袖魅力 ·

中国自己的巴菲特

英国媒体曾经把复星集团看成是"中国的伯克希尔·哈撒韦公司"，把郭广昌看成"中国的巴菲特"。

巴菲特是郭广昌推崇的对象。和股神一样，郭广昌投资有两个显著特点。

第一，看重"心力"，反周期而动。

对于股神巴菲特的评价，郭广昌说："我觉得他的成功并不是因为他比别人聪明。更多的是纪律性、对市场的敏感性和长远的眼光，那些就是心力。"郭广昌不断强调并带领复星集体修炼心力。

"有些人做了错误决定，并不是因为他们智力不行，而是因为他们抵挡不住心里的诱惑，心魔。总会有很多目标吸引我们，同时会有恐惧，生怕失去什么。最重要的是培养一个良好的心理结构，要学会怎么去和别人良性地沟通，同时去克服你的恐惧感和贪婪。"

巴菲特有句名言,在别人贪婪时要保持警惕,而在别人警惕时就要贪婪。郭广昌不止一次分享:"投资是在跟自己的人性作斗争,这个人性就是贪婪,当别人都非常紧张的时候你可以勇敢一些,当别人都觉得很想买东西的时候你要更慎重一些。"两个人都在强调同一个意思:反周期而动。

第二,注重价值投资。

巴菲特风险偏好偏保守,不会参与资本市场泡沫,坚持价值投资理念。郭广昌也是价值投资偏好者。

郭广昌有句名言,踩在价值的地板上与周期共舞。具体到投资发展上就是坚守价值底线,发展有长远价值的产业,以创新创造做强做大价值空间,也就是他常常强调的:行稳致远。

无论产业布局还是投资项目,复星都坚持以自己既定的战略和业务的内在价值作为决策的依据,不追风口、不炒概念,无论景气好坏都量力而行,留有余地,不把鸡蛋放一个篮子里,也不做输不起的投资或经营。

"复星的投资哲学,就是坚持做对的事情、重要的事情、难的事情。这样往往会感觉到不顺,但如果你觉得很顺的时候,可能就是你想坐享其成时,可能你是在退步时。复星现在面临的情况,就像逆水行舟,有很多东西要突破。"郭广昌总结说。

郭广昌投资之所以厉害,可以归结为三个原因。

第一,哲学专业。

大家公认郭广昌"思路清晰,善思辨",上至创业搭档、下至员工都很服他。一位复星人对郭广昌一路并购收购的举动做出这样的评价:"从资本角度讲,郭老板的决策都比较正确,收购都还是成功的。"

一直跟着郭广昌创业的梁信军在回忆当年推举郭广昌做一把手时表示,在战略思考上,每次当一件事达到一个水准,觉得可以歇一口气的时候,郭广昌都能提出一个新的像大山一样的目标。

他的预见性得益于他所学的哲学专业。尽管曾经多次说学哲学等于跟没学差不多,但郭广昌非常清楚哲学带给自己的优势。

他说："在哲学系的学习教会了我思考和学习的方法。更重要的是，哲学学习要求多读书，而且是没有限制的阅读，这让我对社会、对生活有了更多的涉猎和理解……让我有了更多对个人、对社会及对国家未来的思考。"

哲学，是对事物发展规律和趋势的判断、理解和领悟。这一点非常适合投资，投资靠的就是对大势分析和形成预判。复星每一次重大的投资都紧贴着当时产业的趋势，同时，在资本疯狂增加时，也始终紧紧围绕着实体产业，对它进行深度运营、整合，然后再投资。

第二，勤奋。

哪里有什么神奇的魔法？郭广昌投资项目成功的多，是因为拟投资的项目更多。所谓的一投一个准，实际上是背后大浪淘沙使然。

据说郭广昌年均考察约1000个项目。日理万机的郭广昌，出差之前，都会主动问团队，还有什么项目要看，看完再走。如平时在公司很忙，也会见缝插针地看。

复星拥有600多位投资与产业专家，40多个专业团队，根据公司制定的"红黄绿灯"价值评估系统，在全球找项目，汇报给郭广昌。这些投资专家推荐的项目，郭广昌全部都看，但是，有个前提，投资经理必须把项目的"价值＋风险"搞清楚，并给个结论，投或不投。汇报工作必须简短。投资经理谈项目，一定不要绕来绕去，开门见山。

第三，人脉广。

郭广昌在圈内的人缘不是一般的好，跟各行各业的大佬保持互动，让他可以更高维度地把握行业实况，参与各种饭局，可以捕获商业信息，对投资决策有很大帮助。

马云和郭广昌是好兄弟。郭广昌称呼史玉柱为"史大仙"。王健林为了给郭广昌庆生，带媳妇亲自到场祝贺。董明珠是郭广昌当之无愧的"老大姐"。通过长江商学院，郭广昌认识了江南春、牛根生、朱新礼、宋卫平、戴志康等"同学"。

郭广昌不仅和这些"好兄弟""老朋友""老大姐""同学"谈笑风生，还一起投资过项目。

郭广昌坦言："从投资的角度来说，一个人不可能总是比市场快很多，因为人的智力和眼界都是有限的。"正是有了这么多贵人相助，他才可以比别人快一点，敢于在变化时作决定。

· 商业真经 ·

郭广昌经典语录

1. 投资是在跟自己的人性作斗争。

2. 我说的是投资，但其实我心里面装的都是产业。

3. 如果一个决定让你睡不着，那么这个决定就不要做了。

4. 企业就像一个球队，我们不断要赢，总是有一些球员需要休息，有新的球员要补充进来。所以复星永远是一个有战斗力、充满新鲜血液、充满激情的企业家球队。

5. 与其像一堆火一样闷在那里很难过，还不如燃烧，烧掉就算了，烧起来才是很痛快的一件事情。

6. 踩在价值的地板上与周期共舞。

7. 做好产品，要耐得住寂寞，不断创新研发，这也是20多年来复星坚持投入科研创新的原因。而一旦做好，一定会有很好的收获。

8. 人真的很难一直保持创业的冲动。真正的动力，一定来自于你内心深处，你真正认为这样做是有价值的。

9. 什么叫坚守底线？古人讲，己所不欲，勿施于人。现在，我们就要在法律范围内办事。依法办事有个好处，企业不必人为拔高对自己的道德标准，可以名正言顺地主张自己的权利。只要是法律允许的范围，竭尽全力主张自己权利都没有什么问题。知易行难，坚守底线并不容易。

10. 在追求商业真理的过程中，你永远是孤独的，这个"孤独"并不是说你不需要自己的团队，你的团队也是孤独的，总是要带着自己的船往前开。

11. 做企业的人，要对员工的发展多关注一些。企业家虽然付出很多，你看马云都瘦成那样子了，我的头发也快掉光了。但是，底层员工他们得到的更少，房价在涨，菜价也在涨。

12. 即使蚂蚁，本身也有一种精神。一只蚂蚁过河肯定会被水冲走，蚂蚁怎么过河呢？一群蚂蚁密密麻麻地缠绕在一起，像球一样滚过河水去。当然，最外围的蚂蚁肯定被冲走了，但是整个蚂蚁群体就过了那条河。企业发展中，我们强调个体意志更强调群体精神。

13. 不管是哪一种投资，我都希望对被投公司做出有价值的贡献，实现价值创造。纯粹财务投资，是不投的。

14. 做平台更让人激动，马云的成就人人羡慕。但是，我绝对不学马云，因为学不了。

15. 我绝大部分的时候都是特别小心，或者绝大部分到了一个阶段老是想有强烈的不安全感，还是那句话，如履薄冰、如临深渊、战战兢兢、兢兢业业。

16. 有时候可能是一俊遮百丑，你也不知道周围悄悄地在发生太多的变化，拿着望远镜也看不到敌人了，看不到，可能因为敌人就在你眼皮子底下。

17. 你最真诚相信的，就是最有力量的。很多事，相信了，才有可能，才会做到，才有改变。

18. 刚起步时，复星是"三无企业"：没有资金、没有技术、不懂市场也不懂管理。对我们来说，唯一的资本就是学习能力，所以不断地去探索我们能做什么，去找到一条道路。

19. 复星一直是用发展来吸引人，不是完全靠待遇。同时，复星用工作来培养人。我们的目标人才可能本身就有些经验，因为有这个平台，有很多的工作给他去做，所以成长也会更快。我一直说，做投资看上去是把钱放在一起，其实是把人放在一起。人不和，财不聚。

20. 投资就是投人，找到你认为这个产业里面最好的人去投资，在适当的时候给予很好的支持：包括帮助他创造和获取一些必要的资源和能力，譬如社会资源，譬如有上市需求时与资本市场对接的能力，譬如兼并收购时的融资能力等。好的股东，在不被需要的时候，可以一句话不说；在被需要的时候，又能全力以赴地提供支持。

21. 很多企业存在假沟通，看上去一团和气，其实钩心斗角。做投资的人，不仅需要具备宽广的知识面，而且需要与形形色色的人进行有效沟通。如果沟通无效，就会提高内部交易成本。当内部交易成本高于外部交易成本，组织就没有存在的必要了。因此，复星非常强调坦诚沟通。

22. 大企业拥有品牌和资金实力，可以站得更高，看到更多的目标，捕捉更大的机会。但大企业一定是会有官僚病，一定会降低效率。所以我们把企业做大的同时，也要把企业做小。

23. 对团队来说，我觉得明确的业绩指标，或者要我告诉他们每天干什么，肯定是不行的。我希望由我的团队来安排我的工作，告诉我复星要做什么、怎么做，怎么共同去实现我们的愿景和目标。

24. 复星的投资哲学，就是坚持做对的事情、重要的事情、难的事情。这样往往会感觉到不顺，但如果你觉得很顺的时候，可能就是你想坐享其成时，可能你是在退步时。复星现在面临的情况，就像逆水行舟，有很多东西要突破。

25. 低风险低收益，高收益高风险，这是金融资产的根本逻辑。但这个逻辑在不同时点上仍然会存在错配的机会，复星就是希望能把握这些错配，进行价值投资。

26. 我用人的六个标准：企业家精神＋学习能力＋不为经验所困＋忠诚＋主动竞争＋结果导向。

27. 企业管理有灰度，各个业务团队之间的业务边界不是完全清晰，有一定灰度；新业务的发展，边界也往往不是很清楚。把每个人的职责界定得一清二楚，每个人都像螺丝钉一样工作，在这个年代是行不通的。

28. 绝大部分人的民生问题是就业。就业靠什么？靠企业。最本质的是做一个好的企业，为社会提供好的产品，为员工提供好的就业岗位，这是我要做的事情。

29. 我相信中国的文化，包括佛教、道家和儒家，是平衡的文化。它会引导大家回到内心，回到真实所需要的东西。当大家富到一定程度的时候，他的希望会不一样。一开始的时候，他想富，想显露他的富，这是正常的。但逐渐，他觉得那样很无聊，他觉得内心的平衡和幸福更重要，他会转向去选择这些东西，这是一个过程。

30. 我们这些老男人，都会有很多感情经历，但我们一定坚信有美好的爱情和美满的婚姻。我们老男人会有很多挫折，但我们一定相信有正义和进步。我们穷过，我们富过，我们有过挫折，经历越多，我们这些老男人一定更相信，最宝贵的财富不是钱，是朋友。

成杰智慧评语

在中国有句老话："闷声发大财。"而郭广昌，正是这句话的最好践行者。

郭广昌说，没有伞的孩子要努力奔跑，当你获得初步的成功时切忌沾沾自喜，一定要继续努力前行，不然当你停下脚步，而别人却在努力前进，那么很容易就会被行业淘汰。

穷孩子出身的郭广昌，确实一路很赶，不断与机遇赛跑，不断做加法，以攻为守，避免被淘汰。郭广昌式快速做大做强法的秘诀在于模仿与复制。

沃尔玛的创始人山姆·沃尔顿一生中从未停止过学习。他把一家毫不起眼的杂货零售店发展成了世界最大的零售企业，他的创意却全都来自于"偷师"。在创业初期，沃尔顿便经常光顾竞争对手的店，去了解他们的商品价格和经营策略。他把别人的好创意用到自己的企业中，并且每天都致力于改善企业经营模式。沃尔顿从来不会因为自己偷学别人的做法而感到羞耻或故意隐瞒，他承认打折等营销创意都是从别人那里学来的。

他说："我的很多营销手法都是从别人那里学来的。可能没有人像我这样勤于拜访企业，每次拜访的时候我都会问很多问题，这样能从他们那里学到很多东西。假如沃尔玛沉浸在'全市最大型的超市'这项荣誉中，如果墨守成规，那它就无法生存到现在。不论什么时候，我们都不应该嘲笑别人的错误，而要虚心学习别人的优点。我们该关心的不是别人的缺点，而是别人的优点，每个人都有自己的拿手好戏。"

成长最快速的方法就是模仿与复制。以高手为友，以高手为师，就是成长最快的时候。

复星的发展壮大是因为郭广昌及其团队很好地模仿与复制李嘉诚的"投资＋实业"模式及践行巴菲特"价值投资"理念，并在管理上复制了高盛的合伙人机制。

正如郭广昌自己所言，复星是"三无企业"起家，没有资金、没有技术、不懂市场和管理，对他们来说，唯一的资本就是学习能力。不动声色地学习高手的经验，结合"中国动力"，走捷径，这对于有志于快速逆袭的普通创业者来说，无疑是一种不错的借鉴。

后记

巨海十年，用"成杰"影响世界
《商界时尚》封面人物访谈（2018 年 10 月）

回顾中华民族的历史，书声琅琅，笔墨生香。文字与语言的魅力和精髓，早已经将先人的道德观与价值观渗透到我们的血脉之中。

文天祥一身凛然——天地有正气，杂然赋流形。

司马迁笑谈生死——人固有一死，或重于泰山，或轻于鸿毛。

诸葛亮临危受命——鞠躬尽瘁，死而后已。

范仲淹把酒临风——先天下之忧而忧，后天下之乐而乐。

梁启超力主革新——少年强则国强，少年独立则国独立。

他们，都曾经影响中国甚至影响世界。

2018 年，成杰刚刚 36 岁。进入培训界 16 年，巨海集团创立 10 周年整。他曾以演说创造奇迹，他用 10 年创造商界传奇。《从日薪五元到亿万身家》，这本关于成杰的成功启示录，在狂销数十万册之后，被世人诵读与传播时，已经贯穿了一份人生态度的深邃理想，指引出一个生命价值的明确导向，并且成为一种深根企业的文化，一份传至后辈的人文精神。

当人们向更多未知领域迈进时，无形中被赋予一种无畏与坚韧的力量。而"成杰"，也不再仅仅是巨海董事长的姓名，它早已经成为巨海集团乃至中国培训界的一张名片。

它是一份执拗，亦是一份坚守；

它心中有日月，胸中亦有丘壑；

它是理想主义的奋勇驰骋；

也是现实主义的脚踏实地。

它字字珠玑，掷地有声。

它平平仄仄，力透纸背。

巨海十年，正在用"成杰"影响世界。

- 向生活致敬 -

成杰仰起脸望向天空的时候，正好有两只鸟展翅飞过。南方的秋天尚暖，它们该无忧无虑。此刻是难得的国庆假期，成杰选了杭州的安缦酒店度假。简洁的瓦，素净的墙，轻盈的风，空灵的寺庙钟声。成杰却一刻也闲不下来。思考已经成为生命的一部分，除了每天不到 5 个小时的深度睡眠，成杰的大脑与这个世界的联结，从未割裂。闭上眼，又想起已经过世的老父亲，想起在凉山老家做土匠的他，怎样带着徒弟，一手一脚把土砌成墙，然后用泥抹得平实无华，温暖踏实。这一生，父亲都在做一件事，哪怕平凡微小，却仍能做到极致。父亲赋予成杰的精神力量，从来都是他值得炫耀的资本。父亲的恪守、善良、正气及包容，成为他一生受用不尽的财富。

成杰从四川西昌的农村一路跌跌撞撞走来，到内心笃定的今天，一直在挣脱自己命运的束缚，拓展全新的事业疆土，哪怕在世人眼里早就功成名就，他却从未止步。此刻，他静静地坐在安缦酒店的院子里，认真地用眼睛和心灵丈量这家酒店的一砖一瓦，一草一木。他正在开辟巨海的另一片疆土，打造大智慧主题的系列产品。

目前，他与葡萄牙贵州商会会长、贵州诗意置业有限公司董事长杨向东圈定了贵州遵义靠近花海的一块近 3 万平方米的土地进行项目规划。450 亩大智慧主题公园即将建成，3 万多平方米的第一家大智慧主题酒店将于 2020 年投入使用。

许多人的休闲时间，都耽于享乐。而智慧如成杰，相信生活即禅意。具象的工作与学习之外，于生活的细枝末节处亦可获得成长甚至修行，这是他不惜付出巨额投资与时间精力去向这个世界表达的善意。所以，这样的公园或者酒店，不仅仅有花草树木、娱乐设施、美食美器，更是向客人供应一份厚重的文化底蕴，或者值得回味一生的精神食粮。

多年来，成杰用影响世人的成功之道——生命智慧的十大法门，将自然流动、温柔浸润的手法，镌刻或呈现于各个空间之中。

16 年前，成杰用演说改变了自己的命运；10 年前，成杰创办巨海集团，实现了人生的又一次突破；如今，成杰希望将自己的生命智慧，用更厚重、更接近生活本质的方式，传递给人们，让更多人受益。生命中，你走过的路，读过的书，见过的人，也许有一天会变得模糊，但它们给你留下或塑造的价值与道德体系，必将经久不衰。

从朴素无华的生活走上光芒万丈的舞台，他知道自己走上演讲之路的初心何在。每一次千人演讲前看到一掷万金的会场搭建，然后看到拆除时的一片零落，以及看到舞台上众生的喜悦到结束后的繁华褪尽，经历了场面上由盛而衰的过程，内心强大的成杰竟偶尔会感到凄凉。

此时此刻，成杰实力满满，能量充沛。他既有再拓疆土的雄心，更有信马由缰的洒脱。由此，他开始活得通透，也开始传递一个新的信息：企业家，首先应该成为一名生活家。上海初秋的阳光下，成杰笑着向自己的影子致敬：生活，你好呀！云淡风轻，光影疏离。那些为生活吃过的苦，经过的磨难，俱往矣。而明天会更精彩。

- 101，人生永远没有满分 -

10 年时光，此消彼长。生命其实是一个循环往复的过程。你若停滞不前，时代必会将你抛弃。成杰曾经跟团队说，我们要做到上亿的营销业绩。当时在场的人，有的沉默不语，有的半信半疑，有的甚至悄悄地嗤之以鼻。而事实上，巨海早已完成了这个目标，并且向前迈了一大步。有人问成杰，为什么你给自己定的计划从来都是 101？比如当年在黄浦江畔的 101 次演讲，比如在中国农村建立 101 所希望小学，在川渝地区创办 101 家分公司……成杰说，对他而言，任何事物，哪怕做到 100 分都不会是满分。只要肯努力，都会有更高的成绩。

九九归一，从零开始的心态，从 16 年前一直保持到今天。

成杰曾说："成长永远比成功更重要。"即使已经是企业管理者，仍需像海绵一样吸收养分。成杰的学生、深圳亿卓实业有限公司董事长王哲还深深记得，2016 年 11 月，他第一次听老师的"一语定乾坤"课程时那种豁然开朗的震撼。从那一刻开始，这份影响贯穿着他的工作与生活。他说，是成杰让他的思想更有厚度，人生更有价值，也让他对企业的发展方向更加清晰。现在，王哲将成杰的《日精进》作为企业的指导手册，公司所有高层都在自发学习，不断进步。其实《日精进》早已成为众多企业全员学习的工具书。

人一生会做出一些重要的决定，而成杰相信，正是当年三个正确的决定，让他人生路上充满希望，一路过关斩将，成为一个越来越好的人。

希望是从一个身无长物的乡村少年，走出大山开始；

希望是 2003 年，听到一场让他热血沸腾的演讲开始；

希望也是 2008 年，与恩师彭清一为汶川做的慈善演讲开始。

直到今天，成杰的希望都是日新月异，每一天都给自己设下一个新的目标。当然，他一直都在坚守初心，律己以服人。哪怕每年在全国各地有上百场演讲，但只要回到上海的公司，早上 7 点多钟，公司员工就可以看到他的身影。

所谓教化育人，不是强辞严令，而是榜样为先，春风化雨。很多人常常曲解了创业的意义，认为创业就是获得自由，是为了更好地享受生活。事实上，行至路上他们才发现，创业是一件孤独而艰难的事。对于成杰而言：

创业是一种磨炼——苦其心志，劳其筋骨；

创业是一种成就——实现自我，绘就蓝图；

创业更是一种完善——收敛心性、打磨人品。

在创业路上，只要目标明确，努力前行，羽翼丰满与灵魂丰盈并不会背道而驰。所以，在成杰的带领下，巨海集团也在不断实现自我升级与换血，他不认为这已经是一家成功的企业，而是不断归零，不断创新。

首先是管理升级。成杰把公司变成一个平台，让人人都是 CEO，巨海成就的不是一个企业，一个老板，而是一群优秀的员工。同时，成杰从凡事亲力亲为，转向"做对事、用对人、分对钱"，保证了企业的凝聚力和员工的忠诚度。

其次是产品升级。以巨海的精品课为例，经历了五个升级换代的过程。从最初的"总裁演说领导力"到"引爆正能量"，再到"新商业领袖智慧"，再到爆发力极强的"一语定乾坤"，成杰不断修正课程的精准性和服务性，顺应时代与人文变革，到如今又一次升级为"商业真经"。

然后再到商业模式的更新迭代。企业发展过程中，成杰从来没有仅仅把自己定位成一名演说家，他身兼数职，市场调研、产品经理、市场拓展，甚至最基本的广告文案。每一条来自市场与客户的信息，他都反复思索与打磨，寻求与市场最契合的商业模式。所以，如今的巨海集团已经不再是一家简单的培训公司，它集教育培训、图书出版、经营管理、影视制作、项目投资等多种综合服务为一体。

成杰信心满满地画下又一张宏图：2023 年，巨海的目标营业额是 50 亿元。

有一种礼物叫"分享"

我是第二次到成杰办公室。他稳稳地坐在茶台前，一边给我们泡茶，一边分享做企业的心得与体会。兴许是第二次见面，他给人的感觉，又柔和了许多。我跟他说起我女儿读过他的故事，挺喜欢他的。他认真选了一本《从日薪五元到亿万身家》的精装本，给她签上名，然后又选了一套书，郑重地递到我手上。说实话，中秋国庆期间收到不少礼物，但这一份亲自讨来的，最让人感动和欣慰。巨海之所以发展到如今的规模，和成杰懂得分享与体谅他人密不可分。

他希望把巨海做成一家伟大的公司，但这家公司的核心文化，简而言之，却只有三个字：正、真、善。这些文化，都源于成杰对佛家、道家、儒家的学习与理解，最终吸纳精华，用佛学修心，以道学养身，以儒学炼意，铸就正面、慈悲、仁义为怀的企业文化与价值观。关心人、服务人、照顾人、帮助人、影响人、成就人。这样的利他主义经营哲学，在当下浮躁的社会现象下，也确实担当得起"伟大"二字。

香港演员张卫健有一年遇到香港金融危机，面临破产，在几乎绝望的时候，他当时的老板刘德华二话不说借钱给他，让他渡过难关。这个入行多年，靠自己努力一路打拼过来，并且在演艺界风评极佳的巨星说了一句话：学到的要教人，赚到的要分享。而这句话，恰恰也是成杰的修身立命之道。

2009年，事业稍有起步的成杰，第一次把西昌老家的父亲接来上海，并且带他去了北京。父母那一辈人，特别是在信息和交通都闭塞的村里，能跨出县城的恐怕都只有一两个，更别说去首都北京了。那一天，在天安门前，仰望着五星红旗和毛主席的画像，老父亲热泪盈眶。或许那一刻，只有成杰懂得，父亲的慰藉与圆满。那些年，若不是父亲的信任与无条件地支持，让他心无旁骛，恐怕成杰依然在生存与梦想的交界线上徘徊，而父母从来不求回报，但当儿女圆梦的时候，他们却是世上最喜悦的人。

以己度人，成杰相信"心中有爱，动力无限"，他用父亲和自身的感受，为公司优秀员工设立了一个奖：孝道之星。每年达到一定业绩目标的员工，公司会邀请他们的父母到上海参加孩子的颁奖典礼，并享受入住五星酒店、旅行、礼物或红包等待遇。

有一种孝是柔情，身为子女应该承欢膝下；也有一种孝是力量，回馈社会厚积薄发。离开家，走了很长很长的路，却突然发现，半生的努力，其实都是为了挣得一身荣耀，去回馈父母最无私的恩典。让父母分享子女的喜悦，让员工分享企业的利润，让合伙人分享巨海的潜能。授人以鱼，不如授人以渔。为员工及合伙人提供更多成长和成功的可能，是成杰将一直坚持的信念。

- 无处不在的影响力 -

美国心理学家、作家、有"影响力教父"之称的罗伯特·西奥迪尼，在他的书《影响力》中提到：现代社会中，无论事业上还是生活上的成功，都取决于我们影响他人的能力。成杰的影响力，已经远远不只他的演说那么简单。如果说演讲舞台上的成杰是用他卓越的才华和多年的历练影响他人，那么舞台下的成杰，便是持续不断地用自己的人格魅力与宏伟格局影响世界。

做公益，锁定 101 所希望小学，却不仅仅为了完成一个数字。当他发现大量的乡村孩子因为各种原因辍学时，单纯地修建学校，其实并不能直接帮助到急需受到扶持的孩子时，他会选择另辟蹊径，每年捐助 50 名上海的贫困大学生。

做老板，他关心每一位员工的成长，关心员工的工作与生活，定期会请一些员工到办公室交谈，了解他们的所思、所盼、所忧、所急，及时为他们排忧解难，更为他们提供实现梦想的机会，很多年轻人在巨海短短几年就拥有了车与房。他坚信，员工的成长与进步，是企业发展的不竭动力，成就员工才能成就企业。就像巨海集团的一位员工所说，金钱并不是努力的动力，但生活条件的改善却让前进的步子更加坚定。

作为父亲，他尊重孩子，提倡保持天性自由，发掘他的灵性与爱好。孩子想当保安，就给他买一身保安服，体验严谨与礼仪；孩子想和父亲一样成为演说家，就给他买来玩具话筒，让他像模像样地练习。

作为丈夫，他除了忠诚坦荡，更要求彼此一起成长。他说，无论是公司还是家庭，身为其中一分子，如果停止成长，都是一种背叛。

成杰的合作伙伴之一，巨海集团成都分公司总经理严华，这样评价成杰：他是一个有温度的铁汉，而内心亦真诚与温善。严华心里清楚，从 2011 年加入巨海至今，成杰高效、大胆但精准的营销策略与推动力，不断地将她作为一个女性管理者的感性与柔软变成企业文化的润滑剂，而不是企业加速的阻力。

哲学家维特根斯坦曾说：我贴在地面步行，不在云端跳舞。多少年过去了，面对所有人，成杰依然谦卑而平和、踏实而坚韧。

有时候，成杰希望自己像寺庙里的一棵千年古树。比如香樟，春天开枝散叶，夏天庇护信徒，秋天叶落归根，冬日傲雪独立。而不管怎样，他的信仰伴随着古刹的钟声雄浑厚重，植根于千年土地，汇聚成持久向上与向善的力量。

古树的年轮里，层层叠叠积压着的厚重秘密，或许就是"生命智慧的十大法门"。

附录

成杰·日精进

1. 经营好企业，事业发展、强大、持久，需要有一颗正念利他的心。

2. 你想成就多大的事业，就要先学会去成就更多人的梦想；你的心中能装下多少人，就能吸引多少人追随你、支持你。

3. 语言不一定是最好的行动，而行动却是最好的语言。

4. 做我所说，说我所做，是人生走向成熟与成功的开始，唯有言行一致、知行合一、思行合一、心神合一、天人合一，才更具一致性。

5. 坐而论道，起而践行；敬天爱人，以心为师；内圣外王，内修外炼，方能成就伟大事业。

6. 一个人从无到有，是建立自我的过程；一个人从有到无，是追求无我的境界。

7. 追求无我，没有功名利禄的索取，是心底纯粹与顺其自然的行为，是慈悲与善心的根源，是发自内心的成全与成就。

8. 追求无我，是看破、放下、自在的超越；追求无我，是生命大胸怀、大格局、大境界、大圆满、大自在的显现。

9. 知而不行，不为真知；行而不知，不为真行。

10. 向上向善、心如磐石、坚定如一，是巨海正确追求的核心。